Anonymous

Der französische Handelsvertrag

Anonymous

Der französische Handelsvertrag

ISBN/EAN: 9783743319523

Hergestellt in Europa, USA, Kanada, Australien, Japan

Cover: Foto ©ninafisch / pixelio.de

Manufactured and distributed by brebook publishing software (www.brebook.com)

Anonymous

Der französische Handelsvertrag

Der französische Handelsvertrag.

Kaufmännische Kritik desselben,

dem Hannoverschen Handel- und Gewerbestande gewidmet

von einem

Geschäftsmanne.

Hannover.
Klindworth's Verlag.
1863.

Der hannoverschen Regierung wird von vielen Seiten im Lande die unbedingte Zustimmung zu dem zwischen Preußen und Frankreich abgeschlossenen Handelsvertrage anempfohlen und stützt diese Empfehlung sich auf folgende Gründe:

1. Hannovers Handels- und Verkehrs-Interessen sind mit denen Preußens so enge verflochten, daß unter allen Umständen, — auch wenn die süddeutschen Staaten aus dem Zollverein ausscheiden würden, — die Zollverbindung mit Preußen erhalten bleiben muß. Da nun Preußen seinerseits sich für gebunden an den französischen Handelsvertrag erklärt, so muß Hannover demselben zustimmen.

2. Der Tarif des französischen Handels-Vertrages (der für die Ausfuhr nach Frankreich normirte Tarif) eröffnet unserm Handel und unserer Industrie einen früher fast prohibirten Markt; wir müssen diesen Vortheil so rasch als möglich zu ergreifen suchen, da England und Belgien sonst den französischen Markt präoccupiren und den Absatz uns erschweren.

3. Der neue Tarif des Zollvereins, der Tarif B des französischen Vertrages, muß als ein entschieden reformatorischer Schritt im Sinne des Freihandelssystems mit Freuden begrüßt werden. — Diese Reform, welche auch von unserer Regierung stets angestrebt worden, bei der jetzigen Organisation des Zollvereins aber auf dem Wege der Verhandlungen nicht zu erreichen war, auch nicht zu erreichen sein wird, ist durch den französischen Handelsvertrag mit einem Schlage verwirklicht, — sie muß daher unbedingt acceptirt werden.

4. Die seitherige bevorzugte Stellung Hannovers bei Repartition der Zollvereins-Einnahmen kann nur durch die Zustimmung zu dem französischen Handelsvertrage erhalten werden. — Preußen wird für die Zustimmung unserer Regierung zu dem Vertrage um so eher bereit sein, Hannover ein Präcipuum zu bewilligen, als durch den Beitritt Hannovers auf die übrigen

Zollvereinsstaaten ein Druck ausgeübt werden wird, welcher auch deren Beitritt zur Folge haben muß. — Diese Empfehlungen der Annahme des französischen Handelsvertrages zu prüfen, ist der Zweck dieser Zeilen.

I.

Hannover kann dem engen Verbande mit Preußen sich nicht entreißen, — so sprechen die Kaufleute, so sprechen die öffentlichen Organe der dem Handelsvertrage günstig gestimmten Partei hier zu Lande. Wer in aller Welt hat denn aber denselben gesagt, daß unsere Regierung die Absicht, oder nur die Neigung habe, den Verkehr unseres Landes mit dem Nachbarstaate Preußen zu erschweren oder aufzuheben?

Preußen erklärt den ihm verbündeten Zollvereinsstaaten, indem es ihnen mit dem französischen Handelsvertrage die Pistole auf die Brust setzt: „wenn ihr den von mir abgeschlossenen Vertrag ablehnt, so betrachte ich euch als Willens, den Zollverein mit mir nicht fortzusetzen." Bis jetzt hat noch jede der sogenannten renitenten Regierungen darauf erwidert, sie sei durchaus nicht Willens, die Zollvereinsverträge zu kündigen und einzelne Regierungen haben mit gutem Rechte dagegen protestirt, daß ihnen die Schuld an einer Auflösung des Zollvereins beigemessen werden solle und könne, wenn sie nicht unbedingt dem Willen Preußens folgten. Wenn die übrigen Staaten bei diesen Erklärungen stehen bleiben — und es liegt kein Grund vor anzunehmen, daß sie aus der negativen Haltung heraustreten —, so würde Preußen genöthigt sein, den Zollvertrag zu kündigen, also Preußen das alte Band lösen. Wird Preußen diesen Schritt thun? Preußen hat sich Frankreich gegenüber zur Aufrechterhaltung des Handelsvertrages a u c h n u r f ü r d e n F a l l verpflichtet, daß der Zollverein bei Ablauf des jetzigen Zoll=Vertrages (also Ende 1865) sich trenne. Jetzt existirt nur ein von Preußen, N a m e n s d e s Z o l l v e r e i n s abgeschlossener Handelsvertrag mit Frankreich und wenn der Zollverein s i c h n i c h t t r e n n t auch keine Verpflichtung für Preußen. —

Sollte nun nicht die Erhaltung des Zollvereins für Preußen weit größere Bedeutung haben, als das feste Beharren an den Stipulationen des französischen Vertrages? Die Idee, welche Preußen bei der Schöpfung des Zollvereins leitete, auf dem Gebiete der materiellen Interessen Deutschlands einen einheitlichen Organismus zu begründen, welcher in dem großen preußischen Staate seinen Schwerpunkt fand; — das Bestreben in diesem Organismus den ihm gebührenden größern Einfluß zu gewinnen, welches als berechtigt anerkannt worden und bei der bevorstehenden Reconstituirung des Zollvereins zur Geltung kommen könnte, — das sollte Preußen opfern dem Handelsvertrage mit Frankreich zu Liebe?

Kann Frankreich, so fragen wir jeden Geschäftsmann, wo es durch Abschlüsse von Handelsverträgen mit fast allen europäischen Nationen den Willen bezeugt, mit dem alten Tariffsystem zu brechen, einer einzelnen Nation gegenüber Differentialzölle aufrechterhalten? Kann Frankreich noch die Einfuhr deutscher Fabrikate oder sonstiger Erzeugnisse prohibiren, nachdem es mit England, Belgien, der Schweiz und Italien pactirt hat? Dem deutschen Fabrikanten und Händler wird es ganz gleichgültig sein, ob ihm der Franzose, oder der Engländer, oder Belgier, oder Schweizer seine Waaren abkauft: rentirt die Waare nach Frankreich, so wird sie dahin mit oder ohne Handelsvertrag zwischen dem Zollverein und Frankreich ihren Weg finden. —

Doch wir wollen uns bei Erörterung der ersten Frage nicht weiter von derselben und ins Gebiet der andern Fragen entfernen. Wir behaupten, daß die Erhaltung des Zollvereins wie für die Regierungen der einzelnen Staaten, so auch für die Bevölkerungen derselben, für Lippe-Schaumburg so gut wie für Preußen, un e n d l i c h wichtiger ist, als der Handelsvertrag mit Frankreich. In jeder Stadt, in jedem Dorfe des ganzen Zollvereinsgebietes spricht Jedermann dahin seine Ansicht aus: „Der Zollverein darf nicht zerrissen werden, es geht nun und nimmermehr an, die alten Schlagbäume im deutschen Vaterlande wieder aufzurichten!" Keine Regierung hat denn bis jetzt auch das große Wort ausgesprochen „die Kündigung der Zollvereinsverträge," weil keine derselben dies nationale Unglück verschulden will. Auch die preußische Regierung kann im Interesse der eigenen Industrie den Süden Deutschlands, dieses wichtige Absatzgebiet für preußische Erzeugnisse, als: Eisenwaaren, Zucker, Seiden- und Wollenwaaren nicht aufgeben, — Preußen kann die Zollvereinsverträge nicht kündigen. — Wohl aber haben Leute, die sich Freunde der Größe unseres deutschen Vaterlandes nennen, schon von einem Zollvereine ohne die süddeutschen Staaten gesprochen und durch Wort und Schrift dafür geeifert, daß die hannoverſche Regierung der preußiſchen Regierung durch Annahme des franzöſiſchen Vertrages entgegenkommen möge, da die Verbindung mit dieſem Staate nothwendig ſei, — den Süden können wir allenfalls entbehren!

Bei Gaſtereien ſtimmen gute Patrioten jedesmal und immer wieder begeiſtert die deutſche Nationalhymne an mit dem Schluß: „das ganze Deutſchland ſoll es ſein" und jetzt, wo man 12 Jahre eine einheitliche Form gekoſtet hat in Deutſchland, wo man an Erweiterung der einheitlichen Organiſation denken könnte, um das ganze Deutſchland zum erſten Male und auf dem Gebiete verwirklicht zu ſehn, wo man reelle Folgen der einheitlichen Geſtaltung wahrnehmen könnte, — da ruft man: „wir können den Süden allenfalls entbehren! — Mit Oeſterreich können wir gar nicht unterhandeln!" —

Und Ihr Kaufleute, Ihr Gewerbtreibenden, Ihr NationalOekonomen, — wo fragt je ein Geſchäftsmann: an wen verkaufe ich, von wem kaufe ich? Er fragt zunächſt: wo verkaufe ich zum höchſten Preiſe, wo kaufe ich zum billigſten Preiſe. Die Perſonalfrage tritt erſt beim Geſchäfte ein, wenn es ſich um die Solvenz, um den Credit handelt. —

„Wir Hannoveraner haben kein Intereſſe am Verkehr mit dem Süden Deutſchlands, mit Oeſterreich," ſo hört man ſagen, und in demſelben Moment beanſprucht man von der Regierung, daß ſie durch Conventionen mit ſüddeutſchen Staaten, mit Oeſterreich die Eiſenbahntarife regulire! Man würde, wenn Frankreich einen Handelsvertrag geboten hätte, des Inhalts, daß alle Waaren mit Ausnahme derer, welche mit Finanzzöllen bedacht ſind, zollfrei herüber und hinüber gehn könnten, das Ideal der Wünſche erreicht zu haben wähnen; — wo Oeſterreich mit ſolcher Propoſition herantritt, da meint man, das ginge nun und nimmermehr! „Mit ſolchem Volke, wie Croaten, Slowaken ꝛc. kann ein rechtlicher Geſchäftsmann nicht arbeiten," das iſt der kurze Sinn vieler Reden, „die Leute haben keine Bedürfniſſe, ſind daher ſchlechte Kunden." — Aber die Franzoſen, das ſind feine Leute, die Alles bedürfen und uns eine Erweiterung des Abſatzgebietes ſchaffen, wie wir es nur wünſchen können! — Ein der Cultur entgegeneilendes Land entwickelt einen ganz andern Bedarf für Erzeugniſſe des Auslandes und um ſo mehr, je mehr es in der Lage iſt, Producte ſeines Bodens gegen die Erzeugniſſe des Aus landes auszutauschen, als das Land, welches an Bodenerzeugnissen nur den Wein zu bieten vermag und in industrieller Beziehung sehr entwickelt ist!

Ihr sprecht vom Absatzgebiete für unsere Erzeugnisse in Frankreich, Ihr National-Oekonomen, Ihr wollt für unsere Producenten also sorgen, warum wollt Ihr denselben Oesterreich verschließen, wenn dort ohne Werthzölle von 10% deren Erzeugnisse Eingang finden können. „Wir dürfen keine Differential=Zölle im Zollverein aufkommen lassen," so sagt Ihr, warum denn aber verschmäht Ihr, indem Ihr fest auf den Artikel 31 des französischen Vertrags Euch steift, den Abschluß eines Handelsvertrages mit Oesterreich, vor Abschluß jenes französischen, der die Möglichkeit erglebt mit Rohstoffen und Industrie=Erzeugnissen ohne Zoll vom Zollverein nach Oesterreich und umgekehrt zu verkehren; eines Vertrages, der wenn der französische Vertrag abgeschlossen ist, nicht und niemals mehr geschlossen werden kann, — der auch nur einzig und allein mit dem Staate Oesterreich möglich ist! Ihr habt dann keine Differential=zölle im Zollverein, habt einen freien Markt mit Oesterreich und könnt mit Frankreich pactiren, so viel Ihr wollt.

Wir halten es für kaufmännischen, für national=ökonomischen Unsinn, den französischen Handelsvertrag mit dem Artikel 31 anzunehmen, wonach jede Convention mit einem andern Staate unmöglich ist, es sei denn, daß der Zollverein dieselben Erleichterungen auch Frankreich bieten wollte. — Die Zollvereinsstaaten, welche dem Handelsvertrage noch nicht zugestimmt haben, namentlich Baiern und Würtemberg lehnen denn auch hauptsächlich dieses Artikels 31 wegen den Vertrag ab, und die hannoversche Regierung handelt vollkommen richtig, wenn sie, — obwohl der Verkehr unseres Landes mit Oesterreich bei Weitem nicht von der Erheblichkeit ist, als der jener süddeutschen Länder, dieser Bestimmung wegen mit ihrer Zustimmung zurückhält.

Frankreich contrahirt bei der Herabsetzung seiner Zölle mit jeder Nation besonders, um sich von dieser jeden möglichen handelspolitischen Vortheil auszubedingen: von uns verlangt man und zwar seitens der Leute, welche sich allein und ausschließlich die richtigen handelspolitischen Ansichten vindiciren, daß wir unsere Zölle generalisiren, daß wir keinen Staat vor dem andern begünstigen, kurz daß wir aus unserer Tarifreform keine Handhabe machen können, von andern Staaten Concessionen zu erhalten. Kaufmännisch richtig wäre man verfahren, wenn man über vorzunehmende Tarif-Reductionen im Zollverein sich verständigt hätte und dann von Frankreich die Rechte der meistbegünstigten Nation als Gegenleistung gefordert hätte; nicht richtig ist es, den Handelsvertrag mit einer fremden Nation zur Handhabe für unsere innere Tarifreform zu machen!

Es ist bedauerlich, daß seit einem Jahre die Ungewißheit, ob der Zollverein erhalten bleibt oder nicht, alle Geschäfte lähmt; — dieser Zustand wird aber gleichwie in den kleinern Staaten, so auch in dem großen Staate Preußen die Wahrheit immer mehr zur Geltung bringen, daß der Zollverein nicht zerrissen werden kann und darf, daß der ganze Zollverein erhalten bleiben muß; denn ein Zollverein bis zum Main wird ein Mainbund werden, welcher gleich dem unseligen Rheinbund das Vaterland zerreißen und in Bürgerkriege verwickeln wird.

Eine einzige politische Betrachtung wollen wir in diese Zeilen verflechten, die wir jedem Geschäftsmanne vor die Augen führen wollen, damit dieser mit geschäftsmännischem Verstande abwägt, ob es so kommen kann, wie wir ausführen. —

Preußen hat das ihm ertheilte Mandat der Zollvereinsstaaten bei Abschluß des Vertrages mit Frankreich, — wie Jedermann aus den veröffentlichten Noten Baierns und Würtembergs entnehmen kann, — überschritten, hat namentlich durch Annahme der Vertragsbestimmung Art. 31 dem Willen der süddeutschen Staaten entgegengehandelt, obschon es durch das Verhalten jener Staaten bei Gelegenheit des Abschlusses des Vertrages mit Hannover im Jahre 1853 die Ueberzeugung gewonnen hatte, daß für jene Staaten der erleichterte Verkehr mit Oesterreich eine Nothwendigkeit sei, obgleich es von diesen Staaten auf die Stellung des Zollvereins zu Oesterreich schon im Laufe der Vorverhandlungen aufmerksam gemacht worden, und wissen mußte, daß wenn 1853 ein Handelsvertrag mit Oesterreich zum Zweck von Verkehrserleichterungen und als Anbahnung einer demnächstigen Zoll-Einigung Nothwendigkeit war, im Jahre 1862 diese Nothwendigkeit sich doppelt fühlbar machen mußte. Was wird die Folge sein, wenn Preußen auf dem Standpunkte der unbedingten Annahme des

Vertrages beharrt, wenn Preußen den Zollverein mit den Staaten kündigt, welche nicht unbedingt acceptiren?

Erschwert und gelähmt im innern Verkehr, abgeschnitten von der auch Preußen werthvollen Nordsee, wird es das Bestreben dieses Staates sein müssen, sich bis zur Nordsee zu arrondiren, es wird den Besitz von Hannover, Oldenburg, Braunschweig, Churhessen und Lippe erstreben müssen und diese Bestrebungen werden Niemandem gelegener kommen als Frankreich. Arrondirt Euch, wird Louis Napoleon dem preußischen Ministerio zurufen, — aber für mich muß eine kleine Compensation Statt finden; ich verlange als Gegenleistung nur das Kohlenbecken von Saarbrücken. — „Keinen Zoll deutscher Erde opfere ich," erwidert der König von Preußen — und das Geschäft wird nicht gemacht; das Bestreben Preußens aber wird naturgemäß fortbestehn bleiben. — Nun offerirt Frankreich den deutschen Staaten, welche ohne Preußen einen Zollverein fortsetzen, einen Handelsvertrag, der ganz ihren Wünschen und Interessen zusagt, mit dem Vertrage ein Bündniß gegen Preußen, worin die Compensation für Frankreich durch die Rheingrenze bezeichnet ist! —

Wir glauben nun zwar, wie augenblicklich sämmtliche Zollvereins-Regierungen und die österreichische Preußen gegenüber verfahren haben, nicht, daß dieselben auf ein solches Bündniß gegen Preußen eingehen würden: — aber wer kann ermessen, welche Complicationen eintreten können! Wir fragen jeden Geschäftsmann aufs Gewissen, wie er in dem Falle handeln würde, wenn sein Associé vor Ablauf des Societätsvertrages mit einem Dritten einen Vertrag schließt, welcher demselben Einfluß auf die Geschäftsführung gewährt und worin der Associé sich für den Fall der Auflösung des bestehenden Geschäftsverhältnisses mit jenem Dritten zu einem andern Geschäfte vereinigt. — Wird der Geschäftsmann nicht unter allen Umständen die Societät aufheben und später sich bemühen, das neue Geschäft zu erdrücken! —

„Dein Vergleich paßt nicht," wird man mir sagen, „Frankreich gewinnt keinen Einfluß auf unsere Zollverhältnisse, im Gegentheil ist der Vertrag mit diesem Staate nur das Mittel zu einer Verbesserung der Zollverhältnisse bei uns!"

Frankreich gewinnt wohl Einfluß, denn jede Erhöhung der Zölle im Zollverein ist für die Folge vom Zugeständniß Frankreichs abhängig gemacht. Freilich — Erhöhungen, so sagt man auf jener

Seite, werden nicht mehr eintreten und jede Ermäßigung unserer Zölle wird Frankreich willkommen sein.

Ob der Vertrag das Mittel ist zur Verbesserung unserer Zollverhältnisse, ob nicht Positionen des Tarifs B werden erhöht werden müssen, — das werden wir später beleuchten. Für jetzt erklären wir mit den Freunden des französischen Vertrages, daß es ein Unglück sein würde den Zollverein zu zerreißen; wir fügen aber hinzu, daß nicht ein Glied vom Zollverein abgeschnitten werden kann, ohne daß ein nationales Unglück entsteht. — Darum handelt unsere hannoversche Regierung richtig und beweist ihre deutsche Gesinnung, indem sie für Annahme oder Ablehnung des französischen Handelsvertrages sich noch nicht erklärt. — Erst die Erhaltung des Zollvereins gesichert, die für die Entwickelung aller deutschen Staaten unendlich wichtiger ist, als der Handelsvertrag mit Frankreich.

II.

Der Tarif A des französischen Vertrages eröffnet unserer Industrie, unserem Handel einen früher fast prohibirten Markt; — das geben wir in gewisser Weise zu, wir gestehen ferner gern, daß der Schifffahrtsvertrag, welcher unsere Flagge denen der meistbegünstigten Nationen gleichstellt, für das Land Hannover von Wichtigkeit werden kann; aber die Flagge der meistbegünstigten Nationen hat noch nicht die Vortheile der nationalen Flagge: es bleibt noch immer eine differentielle Behandlung. Außerdem sind nur für die directe Fahrt Zugeständnisse gemacht; und hieraus folgt, daß die Vortheile für die hannoversche Flagge nur in soweit wachsen, als der jetzt ganz schlummernde directe Handel per See, resp. Handel Hamburgs und Bremens mit Frankreich einen Aufschwung nimmt. Ueberall sind wir noch nicht zu der Ansicht gelangt, daß mit diesen Concessionen Frankreichs die Gegenleistungen des Zollvereins im Verhältniß stehen, welche der Vertrag uns auflegt.

Frankreich operirt, wie wir oben schon andeuteten, sehr geschickt, indem es mit Aufstellung eines von Sachverständigen aus allen Geschäftsbranchen entworfenen, ganz systematisch ausgearbeiteten, und die Kraft der französischen Industrie genau bemessenden Tarifs beginnt, mit diesem jeder Nation einzeln entgegentritt und von dieser die größtmöglichen handelspolitischen Vortheile heraus zu holen sucht.

Daß Frankreich mit England zunächst contrahirte, war nicht minder klug gehandelt, da bei dem in England herrschenden Handelssystem von diesem eigentlich gar keine Concession als eine Ermäßigung der Getränkesteuer verlangt zu werden brauchte, deren Ausfall durch die Zunahme des Imports sehr bald wieder gedeckt sein wird. — Wenig bekannt wird es sein, daß der französische Tarif, wie er durch den englischen Vertrag festgestellt ist, — der Tarif, der nun auch mit wenigen Abänderungen als Tarif A im französisch=preußischen Vertrage figurirt, durch gemeinsame Berathung französischer und eng= lischer Sachverständiger zu Stande gebracht ist. Dieser Tarif ist denn auch ein vollkommen systematischer, darauf berechnet, der Gewerb= thätigkeit Frankreichs in jeder Weise zu Hülfe zu kommen, zu schützen, soweit Schutz nöthig, zu spornen, soweit ein Antrieb erforderlich und damit den Nationalwohlstand wie das Staats=Einkommen zu erhöhen.

Die Befreiung der Cerealien, des Schlachtviehes, der Rohstoffe, als Wolle, Baumwolle und Eisenerz von Eingangszöllen, sichert den französischen Industriellen die Ausdehnung ihrer Betriebe, ver= mehrt zugleich die Consumtion im Inlande und sichert die Befriedi= gung des Bedarfs der heimischen Consumtion der inländischen Pro= duction um so mehr, als die Zölle für fremde Halb= und Ganzfabrikate derart normirt sind durch geschickte Combination von festen specifischen und Werthzöllen, daß die Mitbewerbung des Auslandes erschwert wird. Die Werthzölle für fremde Arbeitserzeugnisse belasten die ausländische Arbeit mit einem Zoll von 10—15 %, welcher für die französische Arbeit nicht gezahlt wird. — Man urtheile nicht nach den Zahlen der Einfuhr von England nach Frankreich, um Berechnungen über den muthmaßlichen Erfolg der Zollvereins=Ausfuhr nach Frankreich anzustellen, oder um nur Schlüsse für die fernere Zunahme des Verkehrs von England nach Frankreich zu ziehen. Die Fabrikate, welche von England, vom Zollverein, von andern Staaten jetzt bei 10 % Zoll vom Werthe nach Frankreich wandern, werden von der französischen Industrie bald billiger producirt werden können. Bei freier Einfuhr des Rohstoffes und 10 % Zoll vom Werthe des Ganzfabrikates wird die eigene Industrie die Concurrenz des Aus= landes bald überwinden, es kommt nur erst darauf an, der Industrie den Impuls zu geben, sich zu erweitern und zu vergrößern. Das ge= schieht durch das neue französische System, welches dem Producenten

Erleichterung bei Beziehung seiner Rohstoffe, dem Consumenten billige Nahrungsmittel und damit die Möglichkeit gewährt, mehr an Industrie-Erzeugnissen zu consumiren. Der französische Markt ist somit noch lange nicht ganz erschlossen und wird für die Fabrikate nur ganz erschlossen sein, die im Auslande so billig zu produciren sind, daß die Erzeugungskosten derselben aus dem Rohstoff, incl. des Preises desselben mehr als 10 und 15 % niedriger stehen wie in Frankreich. Man wird aber in Frankreich unter dem neuen Zollsystem successive immer billiger produciren, da jede Ausdehnung des Betriebes die Production billiger macht. Natürlich giebt es immer noch Fabrikate, die aus besondern Ursachen in einem Lande viel billiger als in dem andern producirt werden, es wird somit auch manche Fabrikate geben, welche nach Frankreich bei den Werthzöllen von 10—15 % einzuführen sind, auch aus dem Zollverein: — wenn aber Freunde und Fürsprecher des französischen Vertrages das als national-ökonomischen Gewinn für beide Theile darstellen, daß aus dem Zollverein nach Frankreich vorzugsweise die ordinairen Fabrikate, die dem Masse-Consum dienenden Bedarfsgegenstände geführt werden würden, während umgekehrt von Frankreich uns die Gegenstände der Mode, des Luxus vorzugsweise zugeführt werden würden, so erkennen wir den Gewinn nicht an — wir sehen den größten nationalen Gewinn darin, den Rohstoff bis zur höchsten Stufe der Verfeinerung verarbeiten zu können und halten die Industrie nicht für die best-fundamentirte, welche dazu verdammt ist, nur ordinaire Waaren zu arbeiten. „Theilung der Arbeit" ist das Motto der jetzigen National-Oekonomen, die wir lieber International-Oekonomen nennen möchten, da sie ihr Motto beim Verkehr unter verschiedenen Nationen gelten lassen wollen, für den innern Verkehr aber möglichst wenig Arbeit zulassen wollen. Doch es ist das ja auch Theilung der Arbeit, wenn unserer Industrie nur ein Bruchtheil der Arbeit übrig bleibt.

Jede Vermehrung des Nationalwohlstandes macht sich durch Zunahme der Consumtion geltend, die Consumtion schreitet aber in der Wahl der Gegenstände nach oben fort, d. h. um uns eines Beispiels zu bedienen, der Bauer wirft den Zwillichrock fort und kauft einen feinen Tuchrock, wenn's ihm wohl geht, das Dienstmädchen trägt seidene Hüte, wenn's seine Mittel erlauben, die Bürgersfrau trägt Sammet- und Spitzen-Mantillen, der Bürgersmann feine pariser Seidenhüte und Handschuhe, — statt Bedarfs-Gegenständen kauft man Luxus-Gegenstände bei fortschreitendem Wohlstande und diesem Fortschritte der Consumtion soll die eigene Industrie nicht folgen?!

Die französischen Zölle werden der Entwickelung der Consumtion, der Entwickelung der Industrie gerecht; der Werth ist das Maaß der Leistung, die dem Staate gebührt, fremde Erzeugnisse sind mit 10—15 % ihres Werthes, d. h. des Werthes, den sie am Einführungsorte haben, besteuert, der Gegenstand des Luxus hat keinen Vorzug vor dem des gewöhnlichen Bedarfs; die französische Industrie wird daher ungehindert nach ihrem freien Ermessen, je nachdem die Nachfrage es erfordert, ordinaire und feine Fabrikate erzeugen können.

Neben diesen systematischen und dem Interesse der französischen Production entsprechenden Zöllen, stipulirt übrigens der französisch-preußische Handelsvertrag noch andere Abgaben und Zölle, die gemeinhin bei Beurtheilung des Vertrages stillschweigend übergangen werden, die wir aber hier um so mehr hervorheben müssen, als wir die Frage erörtern, ob denn in der That dem Zollverein durch den Vertrag ein Markt eröffnet werden wird, der den Preis der diesseitigen Concessionen in Bezug auf die Eingangszölle werth ist.

Wir verlangen keineswegs, daß der Handelsvertrag völlig übereinstimmende Zölle in beiden contrahirenden Gebieten vereinbaren sollte, wir gestehen gern zu, daß für Concessionen des einen Theils Concessionen des andern zu gewähren sind, aber wir erwarten bei Vertragsbestimmungen in den Fällen ganz gleichartiger Interessen auch die gleiche Berücksichtigung dieser Interessen. Wir wollen deßhalb die Tarife für die verschiedenen Waaren bei deren Eingang in Frankreich oder in den Zollverein hier nicht vergleichen, diese vielmehr als Ausfluß der verschiedenartigen Zollsysteme einstweilen gelten lassen, — wir wollen aber den französischen Vertrag selbst zur Hand nehmen und daraus deduciren, daß gleichartige Interessen nicht gleichmäßig gewahrt sind, daß demnach die Eröffnung des französischen Marktes dem deutschen Handel bei weitem nicht so gesichert ist, als die Eröffnung des Zollvereins-Marktes den Franzosen und mit ihnen den Engländern, Belgiern ꝛc. gesichert sein wird, wenn der Vertrag zu Stande kommt.

Art. 1 bestimmt, daß Zollvereins=Waaren bei ihrer **unmittelbaren** Einfuhr zu Lande oder zur See unter **französischer** oder der **Flagge eines Zollvereinsstaates** zu den festgestellten Zöllen des Tarifs A in Frankreich zugelassen werden sollen.

Wenn Art. 3 auch erläuternd hinzufügt, daß die Waaren, welche entweder über die Häfen der Hanseestädte, oder mittelst der belgischen und schweizerischen Eisenbahnen in Frankreich eingehen, als unmittelbar eingeführt angesehen werden sollen, so ist dafür doch wahrhaftig kein Motiv vorhanden, daß dieselben Zollvereins=Waaren, wenn sie direct aber unter anderer Flagge in Frankreich eingeführt werden, höher **besteuert** werden sollen! — Die Flagge einer von Frankreich minder begünstigten Nation mag immerhin Grund zu differentieller Behandlung der **Schifffahrts=Abgaben** abgeben, daß aber auch die Ladung bei der Verzollung in Frankreich anders behandelt werden soll, ist unbillig. — Anscheinend wird hier freilich die Reciprocität gewahrt, da Art. 2 bestimmt, daß französische Waaren bei ihrer unmittelbaren Einfuhr zu Lande oder zur See unter der französischen Flagge oder der eines Zollvereinsstaates im Zollverein den Eingangsabgaben des Tarifs B unterliegen sollen, indeß der Zollverein besitzt keinen Differential=Tarif für die Waaren, sondern läßt (mit Ausnahme Oesterreichs) die Waaren aller Staaten, sie mögen zu Schiff oder zu Lande kommen, von wo und unter welcher Flagge es sei, zu demselben Tarife ein.

Ist der Tarif, den Frankreich dem Zollvereine anbietet, identisch mit dem England und Belgien concedirten, wozu dann die Beschränkung der **erleichterten** Einfuhr zur See auf die Verschiffung unter französischer Flagge und der Flagge der Zollvereinsstaaten!

Frankreich fühlt die Inconsequenz und hat deshalb zugestanden, daß auch von Bremen und Hamburg, also nicht in directer Fahrt, zollvereinsländische Waaren unter zollvereinsländischer Flagge zu dem günstigen Tarife eingeführt werden dürfen, und wird Hamburg und Bremen zugestehen, daß diese Staaten unter ihren Flaggen auch solche Waaren zum niedrigen Tarife einführen, welche nicht in Hamburg oder Bremen erzeugt sind. — Also um eine Inconsequenz gut zu machen, greift man zu neuen Inconsequenzen, beseitigt die hauptsächliche Beschwerde aber doch nicht gründlich.

Art. 5 setzt fest, daß in Frankreich der aus dem Zollverein

stammende Spiritus und Weingeist außer den im Tarif A festgesetzten Eingangsabgaben noch der in Frankreich bestehenden Verbrauchs-Abgabe für derartige französische Erzeugnisse unterliegen soll, daß ferner einstweilen verschiedene Fabrikate, zu deren Darstellung Salz verwendet ist, ebenfalls die französische Verbrauchs-Abgabe neben den Eingangszöllen zu entrichten haben. —

Existirte für diese Waaren im Zollverein eine Verbrauchssteuer, so würde man gegen die obige Bestimmung und die des Artikel 7 nichts einwenden können, welche besagt, daß wenn einer der contrahirenden Theile auf die im Vertrage verzeichneten Gegenstände einheimischer Erzeugung oder Fabrikation eine neue innere Steuer oder einen Zuschlag zu solcher legen sollte, der gleichartige ausländische Gegenstand sofort mit einer gleichen oder entsprechenden Abgabe bei der Einfuhr (wohl zu bemerken über den stipulirten Eingangszoll hinaus) belegt werden kann.

Solche Steuern existiren im Zollverein nicht, ja nach Art. 8 des Vertrages soll der Zollverein sich verpflichten auf französische Weine, Branntweine und Fette in Zukunft keine weitere Steuer als den Eingangszoll, sei es für Rechnung des Zollvereins oder einzelner Staaten, oder einer Commune oder Corporation zu erheben. —

Das ist Reciprocität! Einmal kann Frankreich von deutschem Spiritus den stipulirten Eingangszoll erheben, zweitens die Verbrauchs-Abgabe im Betrage von 90 Frcs. pro Hectoliter, drittens jede beliebige Landes- oder Communal-Abgabe, die im Laufe der Zeit decretirt werden sollte und endlich viertens laut Bestimmung im Art. 8 des Vertrages als Zuschlag zu den Eingangsabgaben soviel, als die den Producenten Frankreichs durch das innere Steuersystem verursachten Kosten betragen, also eine noch gar nicht festzustellende Summe. Der Zollverein kann dagegen unter allen Umständen nicht mehr Zoll erheben von französischem Branntewein als 6 ℔ pro Ctnr. —

Artikel 6 des Vertrages kann, obschon dessen Fassung die volle Reciprocität zu wahren scheint, für die Zollvereins-Interessen sehr gefährlich werden.

Derselbe bestimmt im Wesentlichen, daß Frankreich Ausfuhr-Vergütungen auf Erzeugnisse französischer Fabrikation gewähren kann und berechtigt ist, sobald solches geschieht, die Eingangszölle auf dieselben Erzeugnisse zollvereinsländischer Abkunft um den Betrag dieser Ausfuhr-Vergütung zu erhöhen; daß indeß dem Zollverein dieselbe Befugniß zusteht. Heißt es nun gleich in demselben Artikel, daß die Ausfuhr-Vergütung nur die innere Steuer ersetzen soll, welche auf dem Erzeugnisse oder dem Stoffe, woraus es gefertigt ist, ruhen, so ist hier ein System, mit welchem der Zollverein längst gebrochen hat, Frankreich concedirt, mit welchem dieses jeden möglichen Industriezweig des Zollvereins lahm legen kann. —

Lautete der Art. 6 so, daß das Maaß der Ausfuhr-Vergütungen auf Erzeugnisse des einen und andern Landes unter den Contrahenten vereinbart werden solle, so wäre die oben angedeutete Gefahr nicht vorhanden; wie aber wenn Frankreich als Maaß der Ausfuhr-Vergütung, im Interesse eines Industriezweiges, das ungünstigste Ertrags-verhältniß an Fabrikaten aus dem betreffenden Rohstoff annimmt, z. B. für 60 ℔ des Fabrikates den Zoll von 100 ℔ des Rohstoffs vergütet, während der Zollverein, der nicht zu prämiiren geneigt ist, nach genauer Ermittelung feststellt, daß 80 ℔ des Fabrikates ausgeführt werden müssen, um den Zoll für 100 ℔ Rohstoff zurück zu erhalten! —

Dazu nun noch kann Frankreich den Eingangszoll solcher Fabrikate um den Betrag der Ausfuhr-Vergütung erhöhen, oder mit andern Worten, die durch Ausfuhrprämien geschützte Industrie noch durch Erhöhung des Eingangszolles auch fremde Fabrikate weiter schützen! — Der Zollverein könnte dasselbe thun: — aber er thut's nicht, denn wie die Prämien bei der Ausfuhr abgeschafft sind, geht's bei unserem nicht differentiellen Tarife nicht an, für französische Fabrikate höhere Eingangszölle als für die anderer Länder zu erheben.

Wir wollen durch ein Beispiel anschaulich machen, wie Frankreich es durch die Bestimmung des Art. 6 in der Hand hat, die Zollvereins-Industrie lahm zu legen. Frankreich vergütet bei der Ausfuhr von Maschinen und Fabrikaten aus Eisen 3 Frcs. pro 50 Kilo und darüber. Nach dem Tarife B des französischen Handelsvertrages kosten grobe Brückentheile demnächst im Zollverein 25 *sgr* p. Ctnr. Eingangszoll (Blech, woraus Brücken gefertigt werden — beiläufig bemerkt — 1 ₰ 5 *sgr*). Der französische Fabrikant kann sich nun Bleche aus England oder Belgien für 2 ₰ 17½ *sgr* kommen lassen, den Zoll erhält er bei der Ausfuhr von Blechbrücken zurück und liefert seine Brücken nach dem

Zollverein zu einem Preise von 3 ₰ 20 sgr bis 4 ₰, inclusive des Eingangszolles daselbst, während dem Zollvereinsfabrikanten das Blech mit dem Eingangszoll über 4 ₰ zu stehen kommt.

Drathstifte, ein Artikel von welchem der Zollverein jetzt jährlich über 50 Millionen Pfund anfertigt, sollen mit 1 ₰ 10 sgr nach dem Tarif B besteuert werden, — (Drath freilich mit 1 ₰ 22½ sgr!) da Frankreich aber 24 sgr Rückzoll gewährt, vermindert sich der Schutzzoll der Zollvereins-Industrie in der That auf 16 sgr pro Ctnr. Das Fabrikat ist demnach in Wirklichkeit mit 16 sgr pro Ctnr. für Frankreich besteuert, während der Rohstoff oder besser gesagt das Halbfabrikat Drath mit 1 ₰ 22½ sgr, also um 1 ₰ 6½ sgr höher als jenes besteuert ist! — Wir könnten Beispiele in Menge auch aus anderen Industriezweigen citiren, welche ergeben, daß Frankreich durch seine Ausfuhr-Vergütungen direct und indirect im Stande ist, zollvereinsländische Industrien zu erdrücken, und ein System, mit welchem man im eigenen Lande gebrochen hat, sollte man vertragsmäßig einem andern Lande concediren! Da hört die gleichmäßige Berücksichtigung der gegenseitigen Interessen auf, wenn man dem andern Contrahenten gestattet, das zu thun, was man selbst für verwerflich hält.

Artikel 10 des Vertrags besagt, daß bei Einfuhr nicht zollvereinsländischer Erzeugnisse aus diesem Gebiete nach Frankreich, dafür die Zuschlagszölle erhoben werden sollen, welchen die aus andern als den Ursprungsländern unter französischer Flagge nach Frankreich eingeführten Erzeugnisse unterliegen. — Der Zwischenhandel mit fremden Erzeugnissen vom Zollvereine nach Frankreich wird damit erschwert, ja in gewöhnlichen Geschäftszeiten unmöglich gemacht und zum Dank dafür wird im Artikel 11 stipulirt, daß fremde Erzeugnisse, die aus Frankreich nach dem Zollvereine gehen, ebenso behandelt werden sollen wie französische Erzeugnisse. Ja, um die deutsche Gemüthlichkeit in noch hellerem Lichte strahlen zu lassen, wird in demselben Artikel, Absatz 2 bestimmt, daß die aus dem Zollvereine über die Landgrenze in Frankreich eingehenden Waaren, — also wahrscheinlich alle Waaren, welche nicht auf den in Art. 3 bestimmten Eisenbahnen und unter Zollverschluß in Frankreich eingeführt werden, — zum innern Verbrauch in Frankreich zu den Zöllen zugelassen werden sollen, welche für die unter französischer Flagge aus andern als den Ursprungsländern kommenden Waaren bestehen. —

Die große Erweiterung des französischen Marktes will uns aus diesen Bestimmungen noch nicht einleuchten und noch erkennen wir den gleichen Werth der Concessionen Frankreichs mit den dagegen zugestandenen nicht an!

Die viel angefochtenen Bestimmungen der Art. 13—18 über die Modalitäten der Werth=Verzollung, das Vorkaufsrecht der Zollbehörde mit 5% Zuschlag auf den declarirten Werth, das Schätzungsverfahren 2c. wollen wir hier nicht aufs Neue hervorheben; — daß diese Bestimmungen erschwerend für die Einfuhr zollvereinsländischer Fabrikate sind, wird von den eifrigsten Verehrern des Vertrages zugestanden, — deren ganzer Trost darin besteht, daß auch England diese lästigen Bedingungen angenommen habe. Schlechter Trost das! Wir glauben, England würde uns sehr dankbar gewesen sein, wenn wir jene erschwerenden Bestimmungen entfernt hätten.

Art. 19 mit der Bestimmung, daß die festgesetzten Zölle auf Grund von Havarien oder irgend welcher Verschlechterung der Waaren nicht ermäßigt werden sollen, ist von großer Härte. Stark beschädigte Waare, welche den hohen Zoll nicht tragen kann, muß also entweder vernichtet oder zurückgesandt werden.

Art. 20 macht die französischen Zollämter namhaft, bei denen die Revision und Verzollung der aus dem Zollverein eingehenden Gewebe allein geschehen kann. Also wieder eine Beschränkung der Zollvereins=Einfuhr auf 17 Zollämter in Frankreich und 2 in Algier!

Im Art. 23 hält Frankreich das Verbot der Durchfuhr von Schießpulver aufrecht und behält sich vor, die Durchfuhr von Kriegswaffen von besonderer Ermächtigung abhängig zu machen. Der Zollverein soll alles frei durchpassiren lassen, nur die Durchfuhr von Salz soll von einer besonderen Erlaubniß abhängig bleiben.

Wäre Preußen jetzt schon Frankreich gegenüber durch den Handelsvertrag gebunden gewesen, wie würde seine Regierung die preußisch=russische Convention in Einklang haben bringen können mit der Stipulation des Art. 23, sofern von Frankreich Waffen= und Pulversendungen auf dem Landwege nach Polen gemacht wären?! Wir hoffen, daß dem preußischen Ministerio diese Eventualität, die sehr nahe lag, ein Fingerzeig gewesen ist! —

Im Artikel 25 versichern sich die Contrahenten Schutz und Sicherheit für die aus einem Gebiete in das andere eintretenden

Unterthanen, wie sieht's aber mit dem gesetzlichen Schutz für Zoll=
vereins=Angehörige in Frankreich aus?

Ausländische Actien= und Handelsgesellschaften können in Frank=
reich nicht Processe führen. Diesen Uebelstand zu beseitigen, haben
Belgien und einige andere Staaten besondere Uebereinkünfte mit
Frankreich getroffen: im preußisch=französischen Handelsvertrage, auch
in dessen Nachträgen, ist ein gleiches Uebereinkommen nicht zu finden!

Artikel 31 wäre besser aus dem Vertrage entblieben, oder aber
erst stipulirt, nachdem Preußen mit Oesterreich über die Erweiterung
des zwischen dem Zollverein und diesem Staate im Jahre 1853 ab=
geschlossenen Handelsvertrages contrahirt hätte. — Wir haben uns
oben schon über den Werth Oesterreichs für den Zollverein ausgesprochen,
wir haben hervorgehoben, daß die Nothwendigkeit von Verkehrs=
Erleichterungen zwischen diesen beiden Gebieten 1853 sich geltend
gemacht habe und heute dafür doppelt vorhanden sei. Jetzt sollte
der Zollverein mit Annahme dieses Artikels 31 erklären, Oesterreich
keine Begünstigung zu Theil werden lassen zu wollen, die nicht auch
Frankreich gewährt würde! Meklenburg, wenn es Neigung zeigen
sollte in den Zollverein zu treten, würde nach Artikel 32 des Han=
delsvertrages aller Vortheile desselben seitens Frankreichs theilhaftig;
Oesterreich, ein anderer Bundesstaat, könnte, wenn es sich nicht selbst in
verschiedene Handelsgebiete zersplittern will, in den Zollverein nur hin=
eintreten mit seinem Gesammtgebiet; damit aber auch das nicht geschehe,
wird in Artikel 32 ausdrücklich nur jedem deutschen Staate, welcher
später in den Zollverein treten sollte, die Theilhaftigkeit an den Wohl=
thaten des Handelsvertrages zugesichert. —

Da wird die Absicht jener Bestimmungen klar und dieser
Absicht können Geschäftsleute Beifall spenden? — Wenn politische
Rücksichten bei Beurtheilung des Handelsvertrages gelten, da mag
man sich über die beiden Artikel 31 und 32 streiten können; wenn
aber Handeltreibende, Industrielle und aufrichtig deutsche National=
Oekonome den Handelsvertrag prüfen, da darf und kann nur die
Ungerechtigkeit jener beiden Bestimmungen, der reine kaufmännische
Unsinn, welcher darin enthalten ist, klar werden!

Im Jahre 1860 erklärte das preußische Handels=Archiv, ein
Organ des preußischen Ministerii, den Werth der französischen
Anerbietungen als im Sinken begriffen, da dieselben

über kurz oder lang umsonst hergegeben werden müßten; — im September 1861 eröffnete die preußische Regierung den übrigen Zollvereinsregierungen, daß sie es nicht über sich gewinnen könne, den hohen Forderungen Frankreichs zuzustimmen und machte für den Fall, daß die Verhandlungen sich zerschlagen sollten, den Vorschlag, den Zollvereinstarif selbstständig und ohne Vertrag mit anderen Staaten zu revidiren und den so ermäßigten Tarif denjenigen auswärtigen Staaten zu Gute kommen zu lassen, die ihrerseits den Zollverein als meistbegünstigte Nation anerkennen würden.

Die Zollvereinsstaaten stimmten diesem preußischen Vorschlage zu, Preußen hatte also Vollmacht, die Tarifrevision selbstständig und nicht im Vertragswege mit Frankreich vorzunehmen, brauchte nicht noch weiter mit Zugeständnissen an Frankreich zu gehen. —

Statt das zu thun, was Preußen im September 1861 selbst proponirte, bewilligte dasselbe zum größeren Theile die französischen Forderungen, schloß mit Frankreich 6 Monate später ab und beeilte sich, als im Juli 1862 Oesterreich mit der Erklärung hervortrat, daß es sich nicht aus Deutschland herausdrängen lassen, sondern in den Zollverein eintreten wolle, am 2. August 1862 den Vertrag mit Frankreich zu unterzeichnen.

Sind bei diesem Vorgehen Preußens politische Rücksichten maßgebend gewesen, oder sind dabei lediglich die commerziellen Interessen des Zollvereins berücksichtigt? Schon jener Widerspruch zwischen der Erklärung, nicht weiter gehen zu wollen noch zu können, und zwischen der spätern Handlungsweise giebt der Vermuthung Grund, daß die Betheuerungen, es handle sich nur um commerzielle Rücksichten, recht gewagte waren.

Bei einer Kritik des Handelsvertrages kann man nur die Berücksichtigung der commerziellen Interessen des Zollvereins vorwalten lassen und da muß jeder Unbefangene sich gestehen, daß Frankreich mit seinem Tarif und seinen Vertrags-Clauseln die bis dahin verschlossene Thür ein wenig öffnet, daß die Thür aber sorgfältig bewacht ist, um jeden Anklopfenden anzumelden und ihn je nach seiner Specialität besonders zu behandeln, daß darin aber für die commerziellen Interessen des Zollvereines bei Weitem nicht der Vortheil liegt, der uns aus einem Vertrage mit Oesterreich zu Theil werden würde, wenn wir mit diesem Staate ganz zollfreien Verkehr für Rohstoffe und Industrie-Erzeugnisse stipulirten!

Und diesem französischen Markt sollten wir uns beeilen müssen zu occupiren, damit uns England und Belgien nicht den Rang ablaufen? Wenn uns nur Frankreich mit seinen Ausfuhr=Vergütungen, wenn uns nur England und Belgien im innern Zollvereins=Verkehr nicht den Rang ablaufen, sobald der Handelsvertrag zur Perfection gelangt! Wir fürchten das sehr für viele Industriezweige des Zollvereins und werden bei Beleuchtung des Tarifes B darauf zurückkommen. — Hier wollen wir nur noch unsere schon einmal ausgesprochene Ansicht wiederholen, welche ja auch im Jahre 1861 von der preußischen Regierung getheilt ist, und heute um so mehr wahr sein muß, als Frankreich noch weitere Handelsverträge abgeschlossen hat: Frankreich kann seine Differentialzölle nicht mehr durchführen und die Zugeständnisse, die wir ihm jetzt theuer ablaufen sollen, werden wir umsonst haben können.

Es ist anerkannter Grundsatz, daß Handelsverträge nur Mittel zur Erreichung von sonst nicht erreichbaren Vortheilen sind. Fast schien es, als ob alle Staaten nach der richtigen Theorie handeln, ihre eigenen Interessen, ihre eigne Kraft messen und die danach gefundenen Tarife generalisiren wollten. Diesen Weg werden alle Staaten, welche keine Differential=Zölle wollen, von selbst einhalten; sie können aber von diesem Wege abgedrängt werden, wenn andere mächtige Staaten an dem Differential=Zollsystem festhalten und dieses falsche System ausbeuten wollen. Die hieraus erwachsende Gefahr ist groß, denn es müssen angemessene Zugeständnisse gemacht werden. Der Beweis hierfür liegt in der Anfrage Preußens, ob es nicht besser sei, keinen Vertrag zu schließen, sondern selbstständig den Tarif zu revidiren. Weshalb blieb Preußen nicht bei seinem Vorhaben, weshalb kehrte es nicht die Gefahr der Differentialzölle gegen Frankreich, indem es einfach erklärte: „Hier ist ein neuer Tarif; willst du unsern neuen Tarif, so gieb uns deinen neuen Tarif; sonst heißt es alter Tarif gegen alten Tarif; wir können es ertragen, seine ausländische Waaren theurer zu bezahlen, wenn sie von Frankreich kommen; unsere wirklichen Bedürfnisse erzeugen wir selbst, oder beziehen sie von jedem andern Lande, nur nicht solchen, die uns differentiell behandeln."

Die ganze Theorie von der Behandlung nach dem Fuße der meist begünstigten Nationen ist eine falsche, weil ihr die falsche Theorie von den Differentialzöllen zu Grunde liegt. Jene Behand=

lung macht sich von selbst, wenn keine Differentialzölle existiren. Weshalb, wenn man voraussieht, daß Differentialzölle nicht gehalten werden können, sich den Gefahren oder doch den Beschränkungen aussetzen, welche alle Verträge mit sich bringen? Aber die Bestimmungen des Schifffahrts-Vertrages, dieses für unser Land so hochwichtigen Vertrages, — so erwiedern die Freunde des Handelsvertrages — sie allein müßten Hannover schon zu dessen Zustimmung veranlassen! —

Wir geben zu, daß dieser Schifffahrts-Vertrag Erleichterungen gegen die bisherige Behandlung der Zollvereins-Schifffahrt in Frankreich gewährt; — aber es handelt sich in demselben hauptsächlich um den directen Verkehr von und nach den Zollvereinshäfen und französischen Häfen, einschließlich der französischen Colonieen: für den indirecten Verkehr ist die französische Flagge in Frankreich noch immer vor den Zollvereins-Flaggen begünstigt, ferner bleibt der früher schon angedeutete Unterschied zwischen den Verschiffungen aus den Ursprungsländern der Erzeugnisse und andern Ländern bestehen.

Da in geschäftlichen Kreisen des Binnenlandes die Verhältnisse, welche der Schifffahrts-Vertrag berührt, zu wenig bekannt sind, so dürfte es wohl angemessen sein, hier die jetzt bestehenden Verhältnisse der Behandlung der Schifffahrt in Frankreich und bei uns, so wie die proponirten Aenderungen klar auseinander zu setzen.

Das Prohibitiv- und Schutzsystem Frankreichs ist in der Behandlung der Schifffahrt besonders stark ausgeprägt, indem von eigenen Schiffen und deren Ladungen gar keine oder geringe Abgaben erhoben werden, während solche auf fremden Schiffen oder deren Ladungen in solcher Weise lasten, daß die Concurrenz fremder Fahrzeuge mit französischen in den Häfen dieses Landes sehr erschwert, ja oft unmöglich gemacht wird. —

Die erheblichste der französischen Abgaben ist das droit de tonnage, von welcher französische Schiffe in den meisten Fällen ganz befreit sind, welche von den nicht begünstigten Schiffen mit 4^1/$_2$ Frs. per Tonne von 2000 erhoben wird. — Ein kleines hannoversches Schiff von 50 Last = 100 Tonnen hat also im französischen Hafen 120 ℳ Tonnengeld zu bezahlen, während französische Schiffe frei ein- und auslaufen können.

Eine zweite Abgabe, welche nur neben dem droit de tonnage

erhoben wird, le droit d'expedition, beträgt 18 Fcs. für jedes Schiff bis zu 200 Tonnen Gehalt und 36 Fcs. für jedes größere Schiff, — trifft also auch wieder nur fremde Schiffe.

Außerdem giebt es eine Menge kleiner Abgaben in den französischen Häfen, welche wieder von französischen Schiffen gar nicht oder zu ermäßigten Sätzen erhoben werden, als droits d'acquit, de permis, de certificat, de patente, de relâche und de reconnaissance — und endlich wird von allen auf nicht begünstigten fremden Schiffen eingeführten Gegenständen die surtaxe de navigation neben dem Eingangszolle erhoben, deren Betrag 5—10% des eigentlichen Zolles ausmacht. — Alle auf französischen Schiffen eingeführte Waaren sind von dieser surtaxe befreit.

Die Küstenschifffahrt (cabotage) ist ausschließlich französischen Schiffen nur gestattet.

So steht's augenblicklich in Frankreich, während im Zollverein ganz anders und besonders im hannoverschen Lande sehr liberal verfahren wird. —

In den hannoverschen Häfen werden nicht höhere Abgaben berechnet, als zur Deckung der Herstellungs= und Unterhaltungskosten der betreffenden Anlagen erforderlich sind und nur in den ostfriesischen Häfen wird von ein= und auslaufenden Schiffen ein besonderes Tonnengeld als Entschädigung für die Kosten des Borkumer Leucht=feuers und die Betonnung der Ems erhoben, welches 1/12 ℔ für die Last von 4000, also etwa den 30sten Theil des französischen droit de tonnage beträgt. —

Die Schiffe der Nationen, welche die hannoversche Flagge nicht den meistbegünstigten Nationen gleichstellen, sollen zwar beladen 1/4 ℔ und unbeladen 1/12 ℔ an extraordinairen Abgaben pro Last entrichten, doch sind diese Abgaben von französischen Schiffen nur in wenigen Fällen erhoben.

Die Küstenschifffahrt ist in unserm Lande keiner fremden Flagge verwehrt; es ist also die französische Flagge in den hannoverschen Häfen jetzt gleich günstig behandelt als die des eigenen Landes und hätte Hannover bei Abschluß eines Schifffahrts=Vertrages mit Frankreich diesem Lande nichts mehr zuzugestehen oder aufzuheben.

Ohne nun die Bedeutung der von Frankreich in dem Schiff=fahrtsvertrage gewährten Concessionen irgend wie unterschätzen zu wollen, werden wir dieselben prüfen und dann finden, daß Frankreich das alte Prohibitiv= und Schutzsystem noch lange nicht aufgegeben hat. In Art. 1. wird den französischen Schiffen in Zollvereinshäfen hinsichtlich der Schiffsabgaben die gleiche Behandlung mit den Schiffen der Zollvereinsstaaten zugesichert, dagegen ist von Frankreich nicht die gleiche Behandlung der Schiffe beider Nationen zugestanden, da die französischen Schiffe in französischen Häfen abgabefrei bleiben und Zollvereinsschiffe einen Tonnengeldsatz von 1 Frs. oder 8 sgr per Tonne zahlen sollen. Dieser Satz, welcher so lange bestehen soll, bis etwa auch die Zollvereinsstaaten ihren Tonnengeldsatz aufheben, ist ermittelt nach dem Durchschnittssatz des letztern in den verschiedenen Zollvereinsstaaten, welche Theil an der Schifffahrt nehmen, und beträgt mehr als der jetzige hannoversche Satz, da Preußen und Oldenburg höhere Abgaben erheben. Für unsern Staat besteht also Frankreich gegenüber keine Reciprocität, selbst wenn man die Abgabefreiheit französischer Schiffe in französischen Häfen als recht und billig auch für die Folge gelten lassen will. Ein hannoversches Schiff von 100 Tonnen Gehalt würde nach Ratification des Schifffahrts=Vertrages jetzt in Frankreich statt bisher 120 ₰ nur 26²/₃ ₰ Tonnengeld bezahlen; ein französisches Schiff im hannoverschen Hafen aber nur 4¹/₆ ₰. —

Die französischerseits gewährte Ermäßigung des Tonnengeldes soll unbeladenen Schiffen allgemein, beladenen jedoch nur bei directer Herkunft aus zollvereinsländischen Häfen zugestanden werden, mit der im Artikel 7 gewährten Ausdehnung des Begriffes „directer Herkunft" auch auf die Häfen der Hansestädte an der Weser und Elbe. Diese Concession ist in Folge der bestimmten Erklärungen Hannovers während der Vorverhandlungen Preußens und Frankreichs durchgesetzt, nachdem letzteres sich lange dagegen gesträubt hatte. Weitergehende Begünstigungen der Zollvereinsschiffe bei indirecter Fahrt sind trotz aller Mühe nicht durchzuholen gewesen, nur hat Frankreich im Art. 7 noch zugesagt, daß die Schiffe des Zollvereins an allen künftig einer andern Nation von Frankreich zugestandenen Vortheilen Theil nehmen sollen.

Nach Artikel 5 des Vertrages behält Frankreich die Küsten= schifffahrt der eigenen Flagge auch ferner vor, mit Ausnahme des im Art. 10 angegebenen Falles, daß nämlich ein Zollvereinsschiff in einem französischen Hafen einen Theil der Ladung löschen und mit dem Reste nach andern französischen Häfen segeln kann.

Die surtaxe de navigation hebt Frankreich für alle in **directer Fahrt** aus den Häfen der Zollvereinsstaaten, oder aus hanseatischen Häfen kommenden Waaren auf. Für Verschiffungen nach den Colonien stellt Frankreich die Erzeugnisse und Schiffe des Zollvereins in der Behandlung den begünstigtsten Nationen gleich, nicht der französischen Flagge! —

Es ist somit durch den Schifffahrts=Vertrag seitens Frankreichs eine erhebliche Erleichterung der zollvereinsländischen, resp. hannover= schen Schifffahrt, der jetzigen Behandlung gegenüber, in Aussicht gestellt, doch aber nicht das gewährt, was seitens Hannovers der französischen Schifffahrt längst schon ohne Vertrag zugestanden war.

Artikel 14 des Vertrages, — das wollen wir hier noch an= deuten, — welcher die Leitung von Strandungs = Angelegenheiten französischer Schiffe an den Zollvereinsküsten den französischen Consuln oder Consular=Agenten überweist, paßt für die hannoverschen Ver= hältnisse, wie sie jetzt liegen nicht, da nach der Strandungs=Ordnung von 1846 die Leitung dieser Angelegenheiten den Landes=Behörden überwiesen ist, — es wird jedoch hier eine Modification französischer= seits zulässig sein, oder aber die hannoversche Strandungs=Ordnung geändert werden können. —

Vortheile bietet also der Schifffahrts=Vertrag, diese sind aber dadurch bedingt, daß der **directe** Verkehr zwischen den beiden Nationen einen bedeutenden Aufschwung nimmt! — Würde in Folge des Handels=Vertrages bedeutend vom Zollverein nach Frankreich exportirt, so würde der Zollvereinsschifffahrt ein erheblicher Vortheil zu Theil werden können: wenn aber umgekehrt aus Frankreich bedeu= tend mehr nach dem Zollverein ausgeführt würde, so wird auch der Haupt=Vortheil auf Seiten Frankreichs bleiben.

Man wird uns, gestützt auf die Theorie des Tausches, einwenden, daß Aus= und Einfuhr des Landes im Verhältniß stehen, daß die eine die andere bedingt, daß also in dem vorliegenden Falle auch eine Compensation eintreten müßte. — Wir machen nur darauf aufmerk= sam, daß für den Seehandel des Zollvereins hauptsächlich die Hanse= städte Hamburg und Bremen wirksam sind, daß diese vorzugsweise die aus Frankreich zur See nach dem Zollverein bestimmten Waaren empfangen, ja den größten Theil derselben bald für eigene Rechnung beziehen werden. Haben diese Plätze nöthig, den Gegensatz in Pro=

ducten oder Erzeugnissen des Zollvereins nach Frankreich zu senden? Auf diesem Vermittelungswege ist es möglich, daß durch russische, amerikanische oder sonstige Erzeugnisse der Gegenwerth der Einfuhr Frankreichs in den Zollverein geleistet wird. Freilich wird der Zollverein den Gegenwerth der empfangenen französischen Einfuhr anderswohin wieder exportiren: — weshalb aber ist dann der Vertrag mit Frankreich nützlich, weshalb nothwendig? —

Doch wir verlassen die Beantwortung der 2ten uns gestellten Frage, denn was in der Beziehung vom Gesammt=Zollverein gilt, gilt auch für unser Vaterland Hannover, und gehen zur Beleuchtung des 3ten Empfehlungsgrundes über.

III.

Der Tarif B des Handelsvertrages, also der Zollvereinstarif, ist ein reformatorischer Schritt zu dem Freihandelssystem hin und muß mit Freuden angenommen werden, — so erklären die Verfechter des Vertrages. Vorab sei bemerkt, daß wir hier über Systeme nicht streiten wollen, auch nicht erörtern wollen, ob ein und dasselbe System für alle Staaten und Völker paßt; wir wollen mit nüchternem, kaufmännischen Sinne, mit Zahlen an der Hand, prüfen, ob der Tarif B im Interesse des Zollvereins, d. h. seiner Consumenten und Producenten liegt.

Daß hier zu Lande, wo die Industrie im Entstehen ist, wo der Handel vorwiegt, wo noch in frischer Erinnerung ist, welche Umsätze der Handel früher in fremden Erzeugnissen machte, die ihm jetzt dadurch genommen sind, daß der Zollvereinsfabrikant in den meisten Fällen des Zwischenhandels im Inlande entbehren kann, — eine Menge von Stimmen laut werden für den französischen Handelsvertrag, ist sehr erklärlich, denn die Erleichterung der Einfuhr fremder Erzeugnisse wird den Zwischenhandel und ganz besonders hier im Lande wieder heben. Der ganze Zollverein hat aber bei Entwerfung eines Tarifes nicht allein den Zwischenhändler zu berücksichtigen, sondern das Interesse von Producent, Händler und Consumenten wahrzunehmen.

Ein Land treibt Handel mit andern Ländern, indem es gegen die fremden Waaren austauscht: „Rohstoffe der Landwirthschaft,

Manufacte aus selbst producirten Rohstoffen, Manufacte aus fremden Rohstoffen und Producte oder Manufacte fremden Ursprungs." Nehmen wir für den Zollverein einen bestimmten Fall an, also
deutsche Wolle,
Gewebe aus deutscher Wolle,
Gewebe aus fremder Wolle,
fremde Gewebe.

Der Werth der Wolle sei = 100, der Werth der Veredelung = 100 und die Differenz zwischen dem Ein= und Verkaufspreise der fremden Gewebe = 10.

Bei der Ausfuhr des eigenen Rohstoffes gewinnt das Land dessen ganzen Werth, bei den Manufacten aus demselben den Werth des Rohstoffs u n d der Veredelung; bei den Manufacten aus fremden Rohstoffen den Werth der Veredelung a l l e i n und bei den ausländischen Waaren nur die Differenz zwischen Einkaufs= und Verkaufswerth. — Es folgt daraus, daß um gleiche Werthe zu erzeugen, oder um einer gleichen Anzahl von Bewohnern Nahrung zu geben, der Zollverein 100 Theile eigene Wolle, 50 Theile Gewebe aus eigener Wolle, 100 Theile Gewebe aus fremder Wolle, oder 1000 Theile fremder Waaren dem Auslande verkaufen müßte.

Wenn also der Zollverein durch seine landwirthschaftliche Production eine gewisse Anzahl von Bewohnern ernährt, so kann derselbe, ohne Vermehrung dieser Production, nur durch Veredelung des Rohstoffes, noch einmal soviel Menschen ernähren. Die Veredelung fremder Rohstoffe compensirt vollkommen die eigene Rohproduction; der Handel mit fremden Waaren aber bedingt, um eine gleiche Wirkung auf den Gesammt=Wohlstand auszuüben, einen z e h n f a c h größern Absatz.

Sind nun die verschiedenen Arten des Handels von gleicher Bedeutung? Das Gedeihen eines Landes, wenn es abhängig sein soll von dem Handel mit auswärtigen Waaren, wird um so schwieriger, je ungünstiger die geographische Lage desselben für die Vermittelung ist und je größer die Zahl seiner Bewohner wird. — England würde auch ohne seine Industrie gedeihen, weil es am geeignetsten belegen ist, um den Handel von ganz Europa mit der übrigen Welt zu ver= vermitteln. — Holland wird reich, weil es, verhältnißmäßig klein, den größten Theil des Continents mit Consumtionsartikeln versorgt: Hamburg und Bremen befinden sich in ähnlicher Lage.

Der Zollverein hat ca. 150mal so viel Einwohner als Hamburg, würde daher beim Handel mit fremden Erzeugnissen 150mal so viel verkaufen müssen als Hamburg, sollte dessen Wohlstand ebenso gedeihen, wie der letzterer Stadt! Wenn 200,000 Menschen die Bedürfnisse für 30 Millionen herbeiführen, so können sie reich werden; ihr Erwerb auf 30 Millionen vertheilt, schützt diese nicht vor dem Verhungern! —

Wenn nun der Handel mit fremden Waaren allein nicht genügt zur Förderung des deutschen Wohlstandes, so bleibt der Handel mit eigenen Rohstoffen und mit Manufacten aus inländischem und ausländischem Material übrig. —

Es ist gleich, ob ein Land für 100 ℔ landwirthschaftliche Erzeugnisse, oder für 100 ℔ Manufacte aus eigenem Rohstoffe exportirt, in beiden Fällen ist derselbe Werth producirt.

Ein Land mit üppigem Boden und wenig Bewohnern wird sich reichlich ernähren durch einfache Rohproduction; — die reichliche Ernährung aber, der fortschreitende Wohlstand steigern die Zahl der Bewohner und es tritt bald ein Zeitpunkt ein, wo die Landwirthschaft nicht mehr genügt, es entsteht das Bedürfniß nach Veredelung der Erzeugnisse, — nach Industrie! — Wird diesem Bedürfnisse genügt, so schreitet die Zunahme des Wohlstandes und der Bevölkerung fort; — kann sie es nicht, so entsteht Auswanderung und vergrößerte Sterblichkeit, denn in allen Fällen findet die Zunahme der Bevölkerung nur Statt im Verhältniß zur Zunahme der Existenz-Mittel! —

Die Zeugungskraft des Bodens hat eine Grenze. Lange bevor diese erreicht ist, hat die reiche Bevölkerung die Preise der Bodenproducte, oder des durch dieselben genährten Viehes, zugleich mit dem Werthe des Bodens derart in die Höhe getrieben, daß dieselben kein gewichtiges Mittel mehr bieten können, den Wohlstand ferner zu heben. — Dies würde nur möglich sein durch den Austausch gegen fremde Erzeugnisse, durch den Export; — die billigen Producte aus Ländern, welche weniger bevölkert sind, verhindern denselben, der allgemeine Consum hört auf, die Productivität des vertheuerten Bodens weiter zu steigern. Die Landwirthschaft kann nur ferner gedeihen durch den nächstliegenden Gebrauch und zwar immer nur so lange, bis der

Unterschied zwischen den Preisen ihrer Erzeugnisse und den fremden die Transport= und Verkaufsspesen auf die letztern nicht übersteigt. Die Erde ist das schlummernde Capital des Menschengeschlechtes; die Arbeit erweckt dasselbe und macht es nutzbar.

Zwei Inseln von gleicher Größe, gleichem Boden und gleichem Klima sind verschieden bevölkert. Auf der einen leben 100, auf der andern 1000 Menschen, roh, nackt, nur die Bedürfnisse der Ernährung kennend; die übrige Erde ist ihnen unbekannt, nicht einmal untereinander stehen sie im Verkehr. Die 100 Menschen sind ebenso reich als die 1000; unter den Füßen eines jeden schlummert das zehnfache Capital. Ohne Mühe, ohne Arbeit erhalten sie die ernährenden Früchte und der Ueberfluß kehrt auf der schwach bevölkerten Insel unbenutzt, verfaulend zur Erde zurück, während die Bewohner der andern Insel das Leben eben fristen mit allem was der Boden erzeugt.

Die beiden Inseln treten miteinander in Verkehr; die Bewohner der meist bevölkerten können nichts mehr produciren aus ihrem Lande und besitzen nichts, um es gegen den Ueberfluß der 100 auszutauschen. — Eine Ausgleichung würde Statt finden durch Uebersiedelung; aber Liebe zum Boden, oder irgend eine Macht hält die 1000 gefesselt auf ihrer Insel. Da erfinden sie die Kunst, aus den Fasern einer Staude Gewebe zu machen; — die 100 verlangen danach, aber die andern müssen ihren ganzen Boden zur Erzeugung der Nahrung benutzen. Die seltsame Staude wächst reichlich auch bei den Andern, diese bringen Faserstoff für 300 Gewänder herbei, erhalten dafür 100 fertig zurück und 200 sind der Lohn der Arbeit der Andern.

Das ist der Anfang der Industrie! Das schlummernde Capital der 100 wird immer mehr entwickelt und von allem, was sie mehr produciren, erhalten die 1000 den größten Theil für die Arbeit der Veredelung. — Die Ausgleichung findet Statt, ohne daß ein Bewohner der bevölkerten Insel sein Land zu verlassen braucht. —

Die Industrie trägt den unbenutzten Reichthum, den Boden, hinüber, — die 1000 genießen auf ihrer Insel mit von dem Ueberfluß der andern; darin liegt die Macht der Industrie. Wenn wir russischen Hanf verwenden, so benutzen wir russischen Boden; wenn wir die Wolle Australiens verarbeiten, leben wir von australischem Boden; die Baumwolle läßt uns Theil nehmen an überflüssigem Capital Amerika's, Ostindiens und Aegyptens! — Wir gewinnen an

Wohlstand, Reichthum und Macht; — wir können wahrlich sagen, wir sind Mitherrscher von Rußland, Australien, Amerika, Ostindien und Aegypten geworden.

Und so giebt es für ein großes bevölkertes Land wie Deutschland keine Wahl; es muß entweder seine Bewohner hinübersenden in noch schwach bevölkerte Länder oder es muß mit Spindel und Webstuhl ihren Ueberfluß zu sich hinüberziehen. —

Ist es die Entwickelung der Industrie, und zwar der exportirenden, welche die fernere Hebung des allgemeinen Wohlstandes in Deutschland bewirken kann, so handelt es sich bei einer Zollreform darum, wie sie auf jene einwirken wird. —

Bei der durch den Tarif B des französischen Handelsvertrages vorgeschlagene Reform kann eine Einwirkung des Freihandels nicht allzusehr in Frage kommen, wo noch Zölle in allen Abstufungen von 30% des Werthes herab bestehen bleiben. Gewiß aber muß der Consument berücksichtigt werden, ist doch die Industrie selbst einer der bedeutendsten Consumenten!

Es kann für den Baumwollspinner nicht gleichgültig sein, ob hohe Schutzzölle seine Maschinen vertheuern. Der Eisenverbrauch ist weit größer in industriellen Anlagen, als in der Landwirthschaft. Wenn der deutsche Fabrikant seine Maschinen 20% höher bezahlen muß als der englische, so steht er diesem gegenüber im Nachtheil, wird mit diesem auf dem Weltmarkte also nicht eben gut concurriren können. Wäre es unmöglich, das Eisen jemals in Deutschland so billig herzustellen als in England, so wäre eine künstliche Entwickelung der Eisen-Industrie durch Schutz eine Unvernunft; ist es aber wohl möglich und läßt das Ziel sich ohne Schutzzoll nicht erreichen, so kann die Eisen consumirende Industrie eine Zeit lang die Vertheuerung ertragen; denn das später immerwährende Ersparen der Transport- und Vermittelungsspesen wird reichlich Ersatz gewähren und wird hauptsächlich dazu beitragen, die Exportfähigkeit zu erhöhen! Die Lasten, welche einem Volke durch Schutzzölle auferlegt werden, erschweren die Ansammlung des Capitals, weil sie das Leben theurer machen; Ansammlung von Capital ist aber nöthig zur Entwickelung der Industrie und bei Vertheilung des Maaßes von Schutzzöllen muß daher sehr vorsichtig und systematisch verfahren werden, vor allem aber berücksichtigt werden, daß

1) durch Schutz keine Industrie entwickelt werde, welche nur auf den Absatz im Inlande angewiesen bleibt, weil nur der Export einer Nation das an Wohlstand ersetzen kann, was sie durch die Vertheuerung ihrer Bedürfnisse einbüßt. Eine Ausnahme machen hiervon Industrien, wie die Eisen-Industrie, welche die wesentliche Grundlage für alle andern bilden. Ein Land ohne Kohlen und Eisen wird darauf verzichten müssen, durch Industrie reich zu werden, wenn es nicht ausgleichende Vortheile vor andern Ländern voraus hat;
2) daß der Schutzoll auch wirksam sei. Ein Zoll, welcher die beschützte Industrie durch die Begünstigung des Capitals nicht genügend zur Entwickelung bringt, ist der allerschlechteste, weil er die Erzeugnisse vertheuert, ohne die Compensation zu erzielen;
3) daß der Schutzoll keine Industrie entstehen lasse, welche überhaupt, vermöge der Natur des Landes, oder der Beschaffenheit seiner Bewohner niemals im Stande sein kann mit der gleichen Industrie anderer Länder, ohne die Bevorzugung des Schutzes, zu concurriren. —

Ob nun Schutzoll nöthig ist, um die Industrie eines Landes, welches zurückgeblieben ist, auf gleiche Höhe mit der eines mehr vorgeschrittenen zu heben, darüber kann in jedem einzelnen Falle nur die Erfahrung ein entscheidendes Urtheil sprechen. England und Belgien besaßen in den Jahren 1830—46 theilweis sehr hohe Schutzölle, in Frankreich herrschte eine Prohibition; in Deutschland ein freieres System, wie in irgend einem dieser Länder. — In dieser Zeit ging die Leinen- und Baumwoll-Industrie in letzterem Lande zurück, während beide Industrien in den andern Ländern sich in den Zahlen der Ausfuhr weiter entwickelten! — Es könnte dies darin seinen Grund haben, daß in Deutschland bei dem freieren System das Capital nicht wagte, sich bei großen Anlagen zu betheiligen.

Die Entstehung größerer Anlagen ist aber die wesentlichste Bedingung, um eine Industrie concurrenzfähig zu machen. — Es ist nicht genug, daß Capital angesammelt werde, es muß auch im Lande festgehalten und gezwungen werden, sich der Industrie zuzuwenden: das eben bewirkt der Schutzoll!

Da der Hauptzweck jeder Industrie, neben der Versorgung des

eignen, inländischen Marktes der Export ist, so folgt daraus, daß die Exportfähigkeit der sicherste Maßstab ist für ihre Entwickelung, daß eine Abnahme der Ausfuhr gleichbedeutend ist mit einem Rückschritt und daß ein geringeres Maß der Zunahme im Export der einen Nation im Vergleich zu der andern ein Zurückbleiben der ersteren documentirt. Diese Sätze können allein maßgebend sein für Untersuchungen über die Concurrenzfähigkeit von Industrien verschiedener Länder, über die Nothwendigkeit eines Schutzes für die eine oder andere Industrie.

Die Art nun, wie im Tarife B des französischen Handelsvertrages reformirt ist, bietet wenig Garantie für den Erfolg der Reform. Man hat im Zollverein die Meinungen einzelner Industriellen erfragt und damit den sichersten Weg betreten, um Begünstigungen und Ungerechtigkeiten entstehen zu lassen; während in Frankreich, — wie wir früher schon hervorhoben, — der Tarif A ein Werk der sorgfältigsten Prüfung Sachverständiger, sowohl aus Frankreich, wie aus England war.

Es waren zur Berathung und Entwerfung des Tarifes A vertreten: die metallurgische Industrie durch 16, die Leinen=Industrie durch 10, die Wollen=Industrie durch 22, die Baumwoll=Industrie durch 11, die Seiden=Industrie durch 13, Töpferei durch 5, diverse Branchen durch 14 Delegirte jeder der beiden Nationen. Wo hat man im Zollverein von einer sachgemäßen Berathung des Tarifes B gehört; ja man betrachte nur die Art und Weise, wie das fertige Opus von der Commission des preußischen Abgeordneten=Hauses begutachtet ist, deren Untersuchungen den entschiedensten Einfluß auf die Ansichten im ganzen Zollverein über den französischen Handelsvertrag gehabt haben!

Wenige Sitzungen dieser Commission hatten genügt, Alles an dem Vertrage vortrefflich zu finden. Zu Special=Referenten waren theilweise Leute bestimmt, welche von dem Fache, worüber sie referiren sollten, gar nichts verstanden. Während für Leder, für Metalle, für chem. Producte, für Thonwaaren, für Glas, für Holz= und verschiedene Waaren je ein besonderer Referent ernannt wurde, ward für die ganze Industrie der Gespinnste und Gewebe ein einziger Referent und dazu in der Person des Inhabers einer bedeutenden

Bradforder Firma ernannt, der freilich zugleich Webere i=Etablisse=
ments in Preußen besitzt!

Um dem der Sache fernstehenden Publikum ein Bild davon zu
geben, welchen Antheil die Gesammt=Industrie der Gespinnste und
Gewebe an der Ein= und Ausfuhr des Zollvereins nimmt, geben
wir folgende Zahlen aus Hübener's Tabellen an.

Im Jahre 1858 betrug der Werth der Gesammt=Einfuhr des
Zollvereins

$\qquad$ 321,528,000 $,
der Werth der Gesammt=Ausfuhr
$\qquad$ 350,831,000 $;
davon abgerechnet den Werth von Getreide, Frucht, Vieh, Caffee,
Taback, Cigarren und dergleichen, von dem neuen Zollvereins=Tarif
nicht berührten Gegenständen,

als Einfuhr mit 83,130,000 $,
als Ausfuhr mit 47,573,000 „
bleibt 238,398,000 $ Einfuhr
und 303,258,000 „ Ausfuhr

für die Artikel, welche bei der Commissions=Untersuchung eine Rolle
spielten. —

Daran participiren die Gespinnste und Gewebe, inclusive des
Rohmaterials, als Flachs und Hanf, Wolle, Baumwolle, Seide

mit 118,289,000 $ für die Einfuhr,
mit 173,361,000 „ für die Ausfuhr.

Der Werth der Artikel, welche von einem einzigen Special=Referenten
jener Commission begutachtet wurden, war also fast eben so groß als
der Werth aller andern Artikel zusammen genommen, was die Ein=
fuhr anbetrifft, in Betreff der Ausfuhr größer als aller jener Artikel
zusammen. Man sagt wohl, daß es gefährlich sei für das Gesammt=
Interesse einer Nation, bei Gelegenheit von Zollreformen die bethei=
ligten Industriellen um ihre Ansicht zu befragen: — es muß aber
doch noch gefährlicher sein über deutsche Garnzölle, über diese das
Interesse deutscher Arbeit so sehr berührenden Zölle, die Ansicht
eines Vertreters englischer Arbeit allein zu hören, und als maß=
gebend zu betrachten!

Aus jenem Commissions=Gutachten könnte man deduciren, daß
jede Herabsetzung von Zöllen ein national=ökonomischer Fortschritt sei

und folgerichtig die alten Zollsätze sämmtlich durch die Zahl 2, 3 oder 5 hätten dividirt werden können, — wo bliebe dann aber unsere Industrie?

Wenn zwei Producte, das eine mit 100 % vom Werthe, das andere mit 50 % geschützt sind, so wird das Capital dem ersteren so lange zufließen, bis die innere Concurrenz den Unterschied ausgleicht, welcher durch das Uebermaß von Schutz im Vergleich zum andern in der Rentabilität bewirkt wurde. — Der Mehrschutz des ersteren Productes wird dann illusorisch; er tritt aber sofort wieder ein, wenn ohne Berücksichtigung der innern Verhältnisse beide Zölle gleichmäßig herabgesetzt werden.

Jene Commission nennt die vom Zollverein, resp. Preußen, bis zum Jahre 1845 verfolgte Handels- und Zollpolitik eine erleuchtete, welcher von da an eine Politik folgte, die eine Epoche des Stillstandes und des Rückschrittes schuf durch die Erhöhung der Eingangszölle auf Eisen, Baumwollgarn, ungewalkte Wollenwaaren ꝛc. ꝛc. — und doch constatirt dieselbe Commission, indem sie über die Exportfähigkeit der Zollvereins-Industrie sich ausspricht, folgende Zahlen:

In den Jahren 18³⁴/₄₄ sank die Mehr-Ausfuhr des Zollvereins pro Kopf der Bevölkerung von 88¹/₁₀ *sgr* auf 74⁸/₁₀ *sgr*, dagegen stieg diese Mehr-Ausfuhr in den Jahren 18⁴⁴/₅₃ von 74⁸/₁₀ *sgr* auf 150⁹/₁₀ *sgr* pro Kopf. Also Rückschritt in der Mehr-Ausfuhr, welche nach jenem Berichte die größte Bedeutung für das volkswirthschaftliche Leben in Deutschland hat, in der erleuchteten Periode; gewaltiger Fortschritt in der verdunkelten Periode!

In England stieg in der Zeit der Schutzzölle von 18³⁶/₄₀ bis 18⁴¹/₄₅ die Leinen-Ausfuhr von 78 Millionen auf 85 Millionen Yards, — die Ausfuhr von Leinengarn von 12 Millionen ℔ auf 25 Millionen ℔; die Ausfuhr von Baumwollwaaren, im Jahre 1840 = 791 Millionen Yards, betrug 1844 = 1047 Millionen Yards, — die Ausfuhr von Baumwollgarn hob sich in derselben Zeit von 118 auf 139 Millionen ℔; der Werth des ausgeführten Wollengarns war 1836 = £ 358,690 — und 1844 = £ 958,217. Der Exportwerth von Wollenwaaren im Durchschnitt der Jahre 18⁴⁰/₄₄ = £ 6,255,328 — erreichte im Jahre 1844 den Betrag von £ 8,204,836. — Warum ging England nicht zurück, das verdunfeste England, warum stieg die Ausfuhr nicht im Zollverein, dem erleuchteten Zollverein? —

Wenn als Begründung der Nothwendigkeit, mit dem Schutzzoll zu brechen, angeführt wird, daß der Zollschutz eine künstliche Einwirkung auf die Vertheilung und Verwendung der vorhandenen Capitalien eines Landes ausübt, dieselben von den Gewerbszweigen, welche sie — als die durch die Natur des Landes und Volkes bevorzugten — suchen würden, ab- und andern Gewerbszweigen zuleitet, auf welche die Natur der Verhältnisse weniger hinweist, so ist das als richtig zuzugestehen. Es beweist sich aber auch die Nothwendigkeit eines überlegten Systems bei allen Zollreformen. Mit einer einfachen Division der alten Zollsätze durch eine bestimmte Zahl ist's, wie wir vorhin ausführten, nicht abgethan; auch finden wir bei Vergleichung des Tarifes B mit dem Tarife A — nicht das System der Reform verwirklicht, welches die preußische Commission damit befürwortet, daß sie sagt, „da Frankreich in den feinern, der Zollverein in den gröbern Artikeln excellirt, so stellt sich bei durchschnittlich gleicher Tarifirung durch den verschiedenen Character der Verzollung und Classification für beide Theile ein entsprechender Vortheil für die Ausfuhr der jedem eigenthümlichen Exportartikel heraus. —

Gesetzt dies wäre wahr, so fragen wir, ob der Tarif B denn ausschließlich gegen Frankreich gilt? Aber es ist nicht wahr, durchschnittlich gleiche Tarifirung ist nicht da, ganz besonders nicht bei den Artikeln „Garn und Gewebe". -

Frankreich hat seine Zölle nach bestimmtem System reformirt; die für den Zollverein vorgeschlagenen Tarif-Reductionen folgen keinem bestimmten System, denn das ist kein System oder ein sehr verwerfliches, die Industrie zu verdammen, bei Erzeugung ordinairer Fabrikate stehen zu bleiben! Wir wollen bei Beleuchtung der Tarife, wie solche für Garn und Gewebe vorgeschlagen sind, übrigens auch die Möglichkeit für die Zollvereins-Industrie, bei ordinairen Fabrikaten stehen zu bleiben, abwägen.

Was zunächst die Leinen-Industrie des Zollvereins anbetrifft, so erklärt die preußische Commission dieselbe im Sinken begriffen und giebt dafür folgende Gründe an, nämlich

1) die auswärtige Concurrenz,

2) das Verdrängen der Leinen=Gewebe durch Baumwoll=Stoffe,
3) der noch sehr große Mangel an mechanischen Spinnereien,
4) die Erhöhung des Garnzolles von 5 sgr auf 2 ℳ im Jahre 1847.

Dieser 4. Grund wird übrigens durch die Reform des Tarifs B nicht beseitigt, dieselbe beseitigt auch nicht die Gründe 1, 2 und 3, verstärkt vielmehr das Gewicht des Grundes 1, indem die Zölle der besseren Gewebe auf die Hälfte reducirt werden, — und durch solche Reform soll der Leinen=Industrie geholfen werden?

Die Mehr=Ausfuhr von Leinen aus dem Zollverein betrug im Durchschnitt der Jahre

$1836/40$ = 115786 gr
$1841/45$ = 76529 „
$1846/50$ = 83683 „
$1854/58$ = 139377 „
1859 = 90653 „
1860 = 77462 „

Die Ausfuhr der Jahre 1859 und 60 weist eine Steigerung nach, wenn trotzdem die Mehr=Ausfuhr, d. h. der Ueberschuß der Aus= fuhr gegen die Einfuhr gesunken ist, so beweist das die Zunahme des Imports. Dieser betrug:

$1854/58$ = 35470 gr davon Packleinen 8195 gr
1859 = 48443 „   „   „   22645 „
1860 = 66107 „   „   „   35868 „

Beweis, daß der niedrige Zoll von 20 sgr auf Packleinen Mit=Ursache war des Sinkens der Industrie!

Der Einfluß der billigern Baumwoll=Stoffe auf die Leinen=In= dustrie ist nicht zu berechnen, wohl aber die Wirkungen des Garnzolles und da zeigt die Ausfuhr des Zollvereins an Leinenwaaren, als:

$1836/40$ = 164766 gr
$1841/45$ = 115823 „
$1846/50$ = 114541 „
$1854/58$ = 174847 „

eine Abnahme bis 1847 bei einem Garnzoll von 5 sgr, eine Zunahme in der Epoche der Zollerhöhung auf 2 ℳ.

Daß die Abnahme von 1836—50 nicht Folge allgemeiner Ursachen war, zeigt die Zunahme der Ausfuhren Englands. —

Bei dem Zollsatze von 2 ℳ für Garn hat sich die Zahl der Maschinen-Spindeln im Zollvereine vermehrt und die Ausfuhr von gröbern Leinenwaaren, zu denen vorzugsweise **inländische Garn‍sorten** verarbeitet sind, ist von

     54655 Ctr im Durchschn. b. J. 18⁴⁶/₅₀
gestiegen auf 115440 „   „   „   18⁵⁴/₅₈
     106368 „   „   Jahre   1859
     121164 „   „   1860

die Ausfuhr von gebleichter, gedruckter, gefärbter Leinwand ꝛc., den Geweben aus theilweise ausländischen feinern Garnsorten **gefallen**

von 56790 Ctr im Durchschn. von 18⁴⁶/₅₀
„ 57481 „   „   „   18⁵⁴/₅₈
auf 29623 „   „   Jahre   1859
„ 20393 „   „   1860

Diese Zahlen beweisen, daß die Erhöhung der Garnzölle nicht nach‍theilig auf die Leinen-Industrie gewirkt hat, und daß die Ent‍wickelung der dadurch in's Leben gerufnen Maschinen-Spinnereien von großer Bedeutung für die Exportfähigkeit der Leinen-Industrie ist.

Diese Entwickelung der Maschinen-Spinnerei würde man durch Umwandelung des Zolles von 2 ℳ auf fremde Garne in einen Gradationszoll, der für ordinaire Gespinnste tiefer, für feinere höher lag, gefördert haben; jetzt tritt man ihr durch Ermäßigung der Zölle von Geweben noch entgegen!

Es ist interessant die Zollsätze des Tarifes B mit denen Frank‍reichs und Belgiens zu vergleichen; zuvor wollen wir aber den Werth der Ausfuhr von **Leinenwaaren** aus den Hauptproductions-Ländern für das Jahr 1860 vergleichend zusammenstellen, um dadurch die Bedeutsamkeit dieser Industrie für den Zollverein darzuthun.

Frankreich exportirte im Jahre 1860
  abzüglich des nach eigenen Colonien
   gesandten Quantums für   2,₃₀₀ Mill. ℳ Werth
Belgien   „   7,₁₃₁ „   „   „
der **Zollverein**   „   11,₉₁₆ „   „   „
England   „   29,₇₆₇ „   „   „

Die Zölle auf **Leinenwaaren** nach den verschiedenen neuen Tarifen betragen:

in Frankreich 6 - 29 % vom Werth
„ Belgien 15 % „ „
im Zollverein 16⁷/₁₀—1³/₁₀ % „ „
laut Tarif B.

Der Zollvereinstarif enthält außer für Packleinwand mit 20 sgr pro Centner Zoll noch 2 Kathegorien von 4 ℳ und 10 ℳ. Von den zur 1. Kathegorie gehörigen Waaren exportirte Frankreich 1860 (nach Abzug der eigenen Colonien) 14402 Ctr
der Zollverein 54870 „

Die Zölle in Frankreich bewegen sich zwischen 6³/₁₀ % und 17²/₁₀ % vom Werth, im Zollvereine zwischen 6⁷/₁₀ und 1³/₁₀ % d. h. bei geringern Sorten von Geweben sind die Zölle ziemlich gleich; bei feinern Sorten steigen die französischen, sinken die Zollvereinszölle. Jedenfalls hat Frankreich viel mehr Aussicht, bei einem Zoll von 1³/₁₀ % für feinere Gewebe Absatz in Deutschland zu finden als dieses nach dort bei 17²/₁₀ % oder nur in ordinairen Geweben bei 6³/₁₀ % Zoll. Von den Waaren der zweiten Kathegorie führte im Jahre 1860

Frankreich aus 5804 Ctr
der Zollverein 22405 „

Die neuen Zölle schwanken in Frankreich zwischen 8⁴/₁₀ und 29²/₁₀ % vom Werth, im Zollverein zwischen 16⁷/₁₀ und 2⁶/₁₀ % vom Werth; — das oben gerügte Misverhältniß tritt hier noch stärker hervor. Die verhältnißmäßig niedrigen Zölle des Tarifs B auf feinere Waaren müssen Frankreich bedeutend mehr Vortheil auf dem Zollvereins= Markte gewähren, wie umgekehrt, und nicht für Frankreich allein, für England und Belgien auch haben wir unsern Markt eröffnet, — mit diesen Staaten müssen wir in Frankreich auch concurriren!

Belgien hat seine frühern Zölle auf Leinenwaaren von 13 bis 68 % des Werthes, jetzt auf 15 % für alle Qualitäten normirt, der Tarif B hat demnach bei 1³/₁₀—16⁷/₁₀ % Zoll vom Werth das Verhältniß zu Belgien ungünstiger gestellt, als es früher war, wo der Zollverein bei Zöllen von 1³/₁₀—33 % schon 12860 Ctr von Belgien bezog, dahin aber nur 15 Ctr exportirte. —

Die niedrige Besteuerung der feineren Waaren ist der Haupt= fehler des Tarifs B; — derselbe reformirt nicht und ist ohne System. Eine Annahme des französischen Systems, wenn auch mit niedrigeren

Sätzen wäre eine Reform gewesen. Die Annahme der Garn- und Leinenwaarenzölle wie sie in dem Tarife enthalten sind, wird die auswärtige Concurrenz im Zollvereine vergrößern, die Weiterentwickelung der mechanischen Spinnereien erschweren! —

Die Zölle auf Gespinnste und Gewebe von Baumwolle anlangend, so hält man die gleichzeitige Ermäßigung der Eingangsabgaben für fremde Gespinnste und Gewebe für eine Reform, und zwar eine Ermäßigung, die, wie wir nachweisen werden, wieder ohne alles System vorgenommen werden soll.

Die Mehr-Einfuhr von Baumwolle im Zollverein betrug:

$18^{36}/_{40}$ = 190,860 ₽r, abz. 30 %, bleibt für Garn 133,602 ₽r
$18^{40}/_{44}$ = 260,214 „   „   „   „   „   „   182,150 „
$18^{43}/_{47}$ = 302,134 „   „   „   „   „   „   211,494 „
$18^{54}/_{58}$ = 730,151 „   „   „   „   „   „   511,106 „

die Mehr-Einfuhr von Garnen
$18^{36}/_{40}$ = 322,872 ₽r
$18^{40}/_{44}$ = 395,551 „
$18^{43}/_{47}$ = 465,211 „
$18^{54}/_{58}$ = 423,354 „

Der Gesammt-Verbrauch an Garn stellt sich somit heraus:

		davon	
		ausländisch	inländisch
$18^{36}/_{40}$ auf	456,472 ₽r	70,7 %	29,3 %
$18^{40}/_{44}$ „	577,701 „	68,5 „	31,5 „
$18^{43}/_{47}$ „	676,710 „	68,7 „	31,3 „
$18^{54}/_{58}$ „	934,460 „	45,3 „	54,7 „

In der letzten Zeit vor Erhöhung des Garnzolles nahm hienach der Verbrauch des inländischen Garnes im Verhältniß zu ausländischem etwas ab, während seit jener Zeit das Verhältniß sich umgekehrt hat. Der Zoll von 3 ℳ hat der Industrie des Zollvereins genutzt und nun soll derselbe wieder auf 2 ℳ ermäßigt werden!

Die Ausfuhr von Baumwollwaaren aus dem Zollverein betrug:
1836—40 = 91,163 ₽r
1840—44 = 82,685 „
1843—47 = 78,556 „
1854—58 = 215,947 „

Bei einem Zoll von 2 ₰ auf fremde Garne fiel die Ausfuhr von 91,163 auf 78,556 ℔, während in England, bei einem Zolle von 10 % auf Garn bis 1845, die Ausfuhr um ein bedeutendes stieg. — Seit Erhöhung des Garnzolles im Zollverein auf 3 ₰ stieg der Export, und zwar relativ weit stärker als in England bis 1854/55. England exportirte nämlich:

1836—40 = 676,240,000 Yards
1840—44 = 848,234,000 „
1843—47 = 1,013,000,000 „
1854—58 = 1,993,864,000 „

Belgien, welches 1844 nur 305,000 Baumwollspindeln besaß, vermehrte diese Zahl bis 1852 bei einem Garnzoll von 11 ₰ 9 ₰ pro 100 ℔ auf 612,000 Spindeln und im Jahre 1855 führte dieses Land 322,403 Kilo Twiste aus, gegen 194,725 Kilo Einfuhr, hatte sich also vom englischen Gespinnste schon zu der Zeit emancipirt, wo der Zollverein erst anfing, den Versuch dazu zu machen. —

Im Durchschnitt der Jahre 1855/59 führte Belgien 60,356 ℔ Baumwollwaaren aus, was pro Kopf der Bevölkerung das Doppelte der Zollvereins-Ausfuhr in der gleichen Periode ausmachte. Beweis dafür, daß die Concurrenz-Fähigkeit Belgiens durch hohe Garnzölle nicht gelitten hatte.

Die Spindelzahl im Zollverein betrug bis 1847 etwa 880,000 gegen ca. 1,835,000 im Jahre 1860. In der Zeit des liberalen Zollsystems des Zollvereins entstanden nur 880,000 Spindeln, in England bei dem illiberalen System bis 1845 dagegen 17,500,000 Spindeln; 1846 hob England die Garnzölle auf und die Ausfuhr, welche 1845 schon 135,145,000 ℔ Twiste betragen hatte, war im Jahre 1852, also 6 Jahre nach der Zollbefreiung nur um 93,000 ℔ gestiegen.

Auf Grund solcher Erfahrungen, die vor Allem den Aufschwung der Zollvereins-Spinnereien seit Erhöhung des Garnzolles von 2 auf 3 ₰ und die Zunahme der Exportfähigkeit der Baumwollwaaren documentiren, durfte eine einfache Herabsetzung des Garnzolles von 3 auf 2 ₰ nicht geschehen, es mußte vielmehr ein Gradations-System eingeführt werden, welches den Zollvereins-Spinnereien gestattete, den Betrieb für feinere Nummern zu erweitern, überhaupt ihre Anlagen zu vergrößern. Denn darin liegt die Macht der englischen Industrie, daß dieselbe erstens viel größere Fabrikanlagen aufzuweisen hat und zweitens nicht verurtheilt ist, nur ordinaire Garne zu arbeiten. — Die größte Spinnerei-Anlage des Zollvereins wird nicht über 80,000 Spindeln zählen, in England giebt es mehre Etablissements mit 150,000 Spindeln; die Durchschnittsnummer der Gespinnste im Zollverein war in den Jahren 18^{57}/$_{58}$ Nr. 28, in England Nr. 40, in der Schweiz Nr. 50. —

Die Baumwoll-Industrie ist unstreitig mit der Eisen-Industrie die wichtigste aller Industrien und bei einer Theilung der Arbeit im Sinne unserer Theoretiker, würde dem Lande, welches die Baumwoll-Industrie übernähme, ein Riesen-Antheil zufallen. Wir wollen einmal durch Zahlen den Werth dieser Industrie anschaulich machen.

Im Jahre 1860 exportirten England, Belgien, Frankreich und der Zollverein insgesammt an Baumwoll-Geweben für 317,457,000 ℳ. Rechnen wir nun nach M. Culloch das Verhältniß des Werths der Baumwolle zum Fabrikat wie 10 : 36, so ergiebt jene Exportsumme einen Gewinn von 229,274,000 ℳ, welcher jenen Ländern für die Arbeit der Veredelung zugeflossen ist.

Vergleichen wir damit die Ausfuhr derselben Länder und des gleichen Jahres an andern Manufacten, so ergeben

                                                                          Veredelungswerth

Leinengewebe ℳ 52,914,000 wie 10 : 30 macht ℳ 35,276,000
Wollengewebe „ 192,775,000 „ 10 : 20 „ „ 96,387,000
Seidengewebe „ 158,817,000 „ 10 : 24 „ „ 92,643,000
    Total ℳ 404,506,000   = ℳ 224,306,000

Es ergiebt sich daraus der Vorzug der Baumwoll-Industrie in Folge des großen Consums und des hohen Veredelungswerthes. Die Vermehrung des Verbrauchs von Baumwollstoffen kennt aber keine Grenzen, wo noch Millionen in den wärmern Regionen der Erde unbekleidet einhergehen. Die Kultur wirft leichte Baumwoll-Gewänder über ihre Schultern — und die heißen Strahlen der Sonne erzeugen doppelt und dreifach den Ueberfluß der Bodenprodukte, welcher von der eisernen Maschine hinübergezogen wird in das Land der Industrie.

Die Ausfuhr an Baumwoll-Geweben repartirte sich unter die oben genannten Länder wie folgt:

	18⁵⁵/₅₆	1860
England für	ℳ 209,595,000	ℳ 275,646,000
Frankreich, nach Abzug des Exports		
für eigene Colonien	„ 11,176,000	„ 10,503,000
Zollverein	„ 26,458,000	„ 19,545,000
Belgien	„ 3,760,000	„ 4,376,000

Die Zölle auf Baumwollgewebe schwanken nach den neuen Tarifen in Frankreich zwischen 11 und 17 % vom Werth
„ Belgien „ 11 „ 17 % „ „
im Zollverein „ 27 „ 6 % „ „

Hier zeigt der Tarif B dieselbe Ungerechtigkeit, die wir bei Leinenwaaren rügten; Eingangszölle von 17—27 % vom Werthe auf ordinaire Futterstoffe, rohe und gedruckte Kattune sind ein Unsinn gegenüber 6 % Werthzoll für die feinsten Baumwollstoffe!

Wenn bei der verhältnißmäßig schwachen Entwickelung der deutschen Spinnerei schon fast 200,000 ℔ Gewebe im Jahre 1860, gegenüber einer Einfuhr von circa 500,000 ℔ fremder Garne exportirt wurden, so beweist das, daß das Zurückstehen des Exportes gegen England nicht in der Weberei des Zollvereins ihren Grund hat, daß diese also hoher Schutzzölle nicht bedarf; es beweist, daß um unsern Export zu erhöhen, die Spinnerei gehoben werden muß, und das kann nur geschehen durch einen wirksamen Zoll auf fremde Garne. Der Tarif B nimmt scheinbar Rücksicht auf die bestehenden Industriellen, ein wenig auf die Spinner, viel auf die Weber, insofern als er dieselben in der Fabrikation ordinairer Waaren sehr stark schützt: — er vergißt aber darüber die Industrie! —

Die Annahme des französischen Systems, wenn auch mit niedriger gegriffenen Werthzollsätzen, würde allein die gerechte Berücksichtigung der Gesammt-Industrie gekennzeichnet haben.

Was nun die Positionen des Tarifs B für Wollen-Garne und Wollenwaaren anbetrifft, so haben wir auch in diesen einen Mangel des Systems nachzuweisen, und werden ferner nachweisen, wie bei der nationalen Industrie der Wollwaaren-Fabrikation deren Interesse gegenüber dem der Staaten Frankreich und Belgien, mit welchen wir durch Verträge contrahiren wollen, nicht allzusehr gewahrt ist. —

Die Freunde des französischen Vertrages behaupten, daß bei einem Eingangszoll von 15 sgr auf fremde ungefärbte Wollgarne die Zollvereins=Spinnereien sich in gutem Zustande befinden. Es sind nun im Jahre 1860 von Wollgarnen eingeführt: 133,169 Ctr, die Ausfuhr betrug 6,182 Ctr: wo documentirt sich damit der blühende Zustand? Derselbe soll sich, wie die preußische Commission behauptet, hauptsächlich in dem immensen Aufschwung der Wollwaaren=Industrie an den Tag legen; wenn aber nach den Berechnungen jener Commission sich ein Verhältniß der im Zollverein verbrauchten Wolle zu dem verbrauchten fremden Garn ergiebt:

```
              Wolle.  Garn.
pro 1840 von  100 zu  143
    1850  „   100  „   34
    1860  „   100  „   46
```

so constatiren die Zahlen von 1850 und 60 keine Verbesserung des Zustandes der Zollvereins=Spinnerei.

. Die Wollproduktion des Zollvereins scheint nicht im Steigen begriffen zu sein, wenigstens hat (nach Dieterici) in Preußen die Zahl der Schaafe sich von 16,539,210 Stück im Jahre 1852 auf 15,071,425 Stück im Jahre 1855 vermindert. Der Ausfall der eigenen Produktion ist durch Zufuhr fremder Wollen mehr als ausgeglichen, da im Durchschnitt der Jahre 18⁵⁸/₆₀ eine Mehr=Einfuhr von 192,883 Ctr Wolle in den Zollverein Statt fand. Wenn aber die Ausfuhr der Prüfstein der Entwickelung einer Industrie sein soll, so beweist die Mehr=Einfuhr von Garnen in denselben Jahren 18⁵⁸/₆₀ mit 105,621 Ctr nicht eben das Blühen der Spinnereien! —

Der jetzige Zollvereinstarif hat 2 Positionen für Garne: ein= fach und doublirtes ungefärbtes Garn zahlt 15 sgr Zoll, — weißes, drei= oder mehrfach gezwirntes, sowie gefärbtes 8 ₰ pro Centner. Die große Einfuhr fremder Garne fällt in die erste Kathegorie und besteht zum größten Theil aus Kammgarnen und Gespinnsten aus englischen Glanzwollen.

Die Kammgarn=Spinnereien des Zollvereins befinden sich jetzt in keinem guten Zustande und die Spinnereien von Glanzgarnen aus englischen Wollen existiren überhaupt nicht.

Als 1843 im Zollverein der Zoll von unbedruckten und ungewalkten, ungemusterten Wollenwaaren von 30 ₰ auf 50 ₰ erhöht wurde, stieg die Einfuhr der Garne der Kathegorie mit 15 sg Zoll, von 26,196 ℔ im Jahre vorher, auf 33,569 ℔ und hob sich

18⁵⁴/₅₈ auf 106,180 ℔
1859 „ 102,388 „
1860 „ 133,169 „

Die Ausfuhr von den erwähnten Wollenwaaren, welche 1843 = 313 ℔ betrug stieg,

1844 auf 1,455 ℔
18⁵⁴/₅₈ „ 75,061 „
1859 „ 106,002 „
1860 „ 92,432 „

In der Zunahme dieser Ausfuhr liegt der Grund für die große Zunahme der Mehr-Einfuhr von Garn; denn die inländische Spinnerei hielt nicht Schritt mit dem Aufschwung der Industrie und konnte bei einem Garnzoll von nur 15 sg pro ℔ sich nicht in dem Maße erweitern, um den inländischen Bedarf an Kammgarnen zu befriedigen. Die Spindelzahl Preußens von 36,700 im Jahre 1849 hob sich bis 1858 nur auf 48,200 Spindeln.

Nach den Erfahrungen der letzten 20 Jahre mußte, wenn man die Zölle reformiren wollte, entweder der unwirksame Zoll von 15 sg auf harte Kammgarne erhöht werden, um die inländische Spinnerei als Grundlage der Industrie auf die Höhe der englischen zu bringen, — oder man mußte den Zoll ganz fallen lassen. — Nach unserm Dafürhalten war der erstere Weg der volkswirthschaftlich richtige!

Gefärbte Wollgarne, die jetzt mit 8 ₰ pro ℔ besteuert sind, sollen nach Tarif B auf 15 sg Zoll herabgesetzt werden. Wenn im Jahre 1860 die Einfuhr dieser Garne nach dem Zollverein 14,600 ℔ betrug, die Ausfuhr dagegen 24,584 ℔, so sollte man meinen, die Industrie habe sich bei dem alten Zollsatze gut befunden: jetzt will man die Concurrenz der ganzen Welt nach dem Zollverein zulassen, und was bieten dagegen Frankreich und Belgien als Aequivalent?

Frankreich erhebt von 3 ₰ 10 sg bis 13 ₰ 10 sg pro ℔ für gebleichte und ungebleichte Garne, mit Zuschlag von 30% für gezwirnte Waare und 3 ₰ 10 sg pro ℔ für gefärbte Waare. Belgien erhebt von gefärbtem Garne 4 ₰ pro 100 Zoll! —

Vergleichen wir jetzt die Zollsätze von Wollenwaaren.

Im Durchschnitt der Jahre 18⁵⁵/₅₉ exportirte
Frankreich (excl. Export nach dessen Colonien) für ℳ 57,358,000
Belgien „ „ 9,111,000
England „ „ 81,047,000
der Zollverein „ „ 41,467,000
Die Zollsätze betragen:
in Frankreich 10 %, bei Teppichen 15 % vom Werth,
in Belgien 10 %, „ „ 15 % „ „
im Zollverein nach Tarif B 17—3 % „ „

Der Export Frankreichs an Fußteppichen betrug (excl. Colonien) 1860 = 63,234 Kilo oder 1265 Ctr. (valeur actuelle 13 Frcs. 50 Cts. pro Kilo), der Export des Zollvereins 1684 Ctr.

Die deutschen Teppiche nun sollen in Frankreich 15 % des Werthes Zoll kosten; — die französischen werden, den obigen Werth von 13 Frcs. 50 Cts. angenommen, nach Tarif B mit 5⁵/₁₀ % vom Werthe im Zollverein besteuert sein.

Die frühere Zollkathegorie der gewalkten Wollenwaaren zeigt eine Ausfuhr
des Zollvereins pro 1860 von 137,096 Ctr.
Frankreichs (excl. Colonien) „ „ „ 36,945 „

Hierfür erhebt Frankreich jetzt 10 % Zoll, der Tarif B etwa 10—3 % Zoll; es ist demnach hier das unrichtige Verhältniß der Besteuerung ordinairer und feinerer Qualitäten wieder zu rügen.

Eclatant wird dies Mißverhältniß durch folgende Zusammenstellungen: Frankreich exportirte nämlich 1860 an Merinos, Châles und gemischten Wollenstoffen 3,165,260 Kilo im Werthe von 108,287,437 Frcs. oder von ca. 456 ℳ pro Ctr.; der höchste Zollsatz des Tarifes B von 25 ℳ würde also diese Waaren mit 5⁵/₁₀ %, der mittlere, hier wohl meistens zur Anwendung kommende, von 20 ℳ würde dieselben mit 4⁴/₁₀ % vom Werth besteuern; — Frankreich hebt 10 % Zoll. —

Im gleichen Jahre betrug der Export Frankreichs an Draps, Casimirs, und andern gewalkten Stoffen 4,405,155 Kilo im Werthe von 109,091,844 Frcs. = ca. 330 ℳ pro Ctnr. Diese Gewebe in Deutschland eingeführt, würden nach der Position des Tarifes B von 10 ℳ mit 3 % vom Werth besteuert sein: — in Frankreich beträgt der Zoll 10 %. —

Belgien hat unsere Wollenwaaren-Industrie durch die Normirung seines Zolles auf jetzt 15 % vom Werth, und später 10 %, sehr benachtheiligt; Frankreich läßt uns gegenüber doch von seinen bisherigen Zöllen nach; — aber was thut Belgien? —

Belgien importirte 1860 nach Ausweis amtlicher Tabellen:

1) Draps, Casimirs et autres tissus similaires, où la laine domine

aus dem Zollverein 10,406 Kilo
„ andern Staaten 61,100 „
= 71,505 Kilo

im Werth von 2,504,810 Frs. — Dafür wurde an Zoll erhoben 211,605 Frs. = $8^{4}/_{10}$ %.

2) Coatings, Calmucks, Duffels etc. etc.

aus dem Zollverein = 2,492 Kilo
„ andern Staaten = 36,045 „
= 38,537 Kilo

Werth 385,370 Frs. — Zoll 71,425 Frs. = $18^{5}/_{10}$ %.

3) Alpacas, Mousselines etc.

aus dem Zollverein 4,328 Kilo
„ andern Staaten 414,778 „
= 419,106 Kilo

Werth 8,382,120 Frs. — Zoll 1,560,332 Frs. = $15^{3}/_{10}$ %;

bezog also vom Zollverein hauptsächlich Waaren, welche $8^{4}/_{10}$ % Zoll zahlten (die ganze Einfuhr zahlte durchschnittlich $13^{3}/_{10}$ % Zoll) — und jetzt er höht Belgien den Zoll auf 15 %, mit der Zusicherung ihn später auf 10 % fallen zu lassen! —

Der jetzt zwischen Preußen und Belgien abgeschlossene Handelsvertrag wird als ein neuer Fortschritt auf dem Wege der Reform hochgepriesen, soll dem Export nach Westen wieder neue Wege bahnen! Wir empfehlen den Verehrern der Handelsverträge das Studium der Zahlen! —

Die Seiden-Industrie des Zollvereins hier zu beleuchten, ist überflüssig, wo im französischen Vertrage seitens Frankreichs die Zölle auf rohe Seide und reine Seidenwaaren ganz aufgehoben sind, für welche der Zollverein immer noch einen kleinen Zoll beibehält: — wir wollen nur das Mißverhältniß hervorheben, welches zu Gunsten

Frankreichs noch bestehen bleibt in der Besteuerung von gemischten Seidenstoffen, Bändern und Waaren aus Floretseide, welche in Frankreich zwischen 3⁵/₁₀ und 10% vom Werthe, im Tarif B zwischen 2¹/₁₀ – 3% schwanken. — Ist aber das ganze System ein gerechtes, wenn man Seide und Seidenwaaren mit 2 bis 3% vom Werthe tarifirt, wo ordinaire Baumwollstoffe mit 27% vom Werthe besteuert sind!

Wir haben geglaubt bei den dem Export fast allein dienenden Industrien des Zollvereins eingehenderen Erörterung uns nicht enthalten zu dürfen, wir werden uns betreffs anderer Industriezweige kürzer fassen. Wir haben oben schon den Werth eigener Eisen-Industrie für jedes Land hervorgehoben und die gewiß unumstößliche Wahrheit ausgesprochen, daß ein Land ohne Kohlen und Eisen darauf verzichten müsse, sich der Industrie überhaupt zuzuwenden. Wiederholen wollen wir nicht, was wir für die Beförderung der Entwickelung dieser Fundamental-Industrie durch Schutz angeführt haben: wir wollen nur constatiren, daß in dem letzten Jahrzehent in Folge des bestehenden Schutzzolles im Zollverein ganz enorme Capitalien, mehr als irgend einer andern Industrie, sich der Montan-Industrie zugewendet haben, daß die Concurrenz gewaltig auf die Preise im Inlande zum Vortheil der Consumenten gewirkt hat, daß die Lebensfähigkeit der Eisen-Industrie erwiesen und die sichere Basis auch für das Exportgeschäft gegeben ist. — Dürften in einem Tarife, welcher den bestehenden Schutz auf ein Minimum reducirt, da solche System- oder Rechnungsfehler vorkommen, wie wir sie vorhin unter den Positionen für Eisenwaaren im Tarife B hervorgehoben haben, Fehler welche eine höhere Besteuerung von Halbfabrikat als von Ganzfabrikat nachweisen? Dürften Vertragsbestimmungen vorkommen, welche dem Auslande ermöglichen, durch Prämiirung der Ausfuhr nach dem Zollverein die diesseitige Fabrikation zu unterdrücken? Die Vertheidiger des französischen Vertrages, welche den der Eisen-Industrie verbleibenden Schutz für mehr als genügend erachten, gestehen doch zu, daß um die Lebens- und Exportfähigkeit dieser Branche zu erhöhen, Aufhebung der erschwerenden Bergwerksabgaben, Vermehrung der bestehenden Transportanstalten und Ermäßigung der Frachtkosten nothwendig sind, daß den Eisenbahnen durch Canäle wirksame Concurrenz bereitet werden, daß die Frachttarife der Eisenbahnen systematisch reformirt werden müssen. — Wären diese innern Reformen vorgenommen, ehe der Tarif des Zollvereins reformirt worden, so wäre jedenfalls auch mehr practisch und richtiger verfahren! —

Der Zucker-Industrie des Zollvereins gedenkt der preuß.-französische Handels-Vertrag gar nicht, obwohl gerade im Staate Preußen diese Industrie eine so große Ausdehnung gewonnen hat. — Unter bedeutendem Schutz herangezogen, hat die Rübenzucker-Industrie einen derartigen Aufschwung genommen, daß die Production die innere Consumtion überholt; statt nun die Industrie dem Export dienen zu lassen, wozu sie fähig ist, wie Frankreich's und Belgiens Rübenzucker-Industrien beweisen, hält man im Zollverein an einem falschen Besteuerungssystem fest, ergreift halbe Maßregeln, dem Export zu dienen und dabei wird die Industrie zu Grunde gehen! — Während Frankreich, Belgien, England und Holland augenblicklich einen internationalen Congreß veranstaltet haben, auf welchem die Zucker-Ein und Ausfuhrzölle dieser Staaten in Einklang gebracht werden, — sieht Preußen ruhig zu: sein System läßt kein Uebereinkommen mit jenen Staaten zu! Wo bleibt die Reformation des gepriesenen Tarifes B?

Der Ungleichheit der Besteuerung für die Zollvereins- und französische Spiritus-Fabrikation, welche der französische Vertrag sanctionirt, haben wir bei Besprechung des Vertrages gedacht. — Wie würde es mit der jetzt bestehenden hannoverschen Uebergangssteuer aussehen, nach Annahme des Vertrages und dessen Art. 8? Werden die übrigen Zollvereinsstaaten, und namentlich Preußen, unserem Staate dieselbe concediren wollen, wenn wir Frankreich gegenüber darauf verzichten?

Eines Industriezweiges im Zollverein, welcher durch die Reformation des Tarifes B sehr beeinträchtigt werden würde, haben wir noch zu gedenken, der Soda-Fabrikation. Wenn bei den bisherigen Zollsätzen von 1 ℳ auf calcinirte und crystallisirte Soda schon die Concurrenz Englands sich der Zollvereins-Industrie beim innern Verkehr sehr fühlbar machte, wie wird dieselbe sich steigern, bei der Ermäßigung der Zölle auf 20 sgr für calcinirte und 7½ sgr für crystallisirte Soda? — Die Herabsetzung in solchem Verhältniß, d. h. für die eine Waare mehr als für die andere, ist allem Anschein nach auch ohne irgend welche Nachfrage bei Industriellen proponirt worden, da, wenn die Gehalts=Verhältnisse, die Darstellungsart der beiden Sorten irgend wie in Berücksichtigung gezogen wären, die beiden Sätze von 20 *sgr* und 7½ *sgr* pro Ctnr. sicher nicht sich ergeben haben würden! —

Wie wenig des Interesse heimischer Industrie berücksichtigt ist, beweis't sich noch sehr eclatant dadurch, daß der Rohstoff Krapp im Zollverein mit der bisherigen allgemeinen Eingangsabgabe von 15 *sgr* pro Ctnr. belastet bleiben, dagegen Garancine, das Fabrikat aus Krapp, zollfrei eingehen soll! —

Die Ungleichmäßigkeit der Besteuerung der Erzeugnisse der kleinern Industrie in den beiderseitigen Tarifen des französischen Handelsvertrages ist an andern Stellen zur Genüge hervorgehoben, wir verzichten darauf, solche durch Berechnungen hier zu wiederholen. —

Unser Zweck war, die Reform des Zollvereins=Tarifes, wie solche durch den Tarif B des französischen Vertrages als verwirklicht dargestellt wird, zu kennzeichnen. Und solche Reform sollte nicht im Wege der Verhandlungen der Zollvereins=Regierungen zu erreichen sein? Wir glauben, es würde auf diesem Wege besser und systematischer reformirt sein! —

Unsere hannoversche Regierung, so sagen die Vertheidiger des französischen Vertrages, hat stets Reformen des Zollvereinstarifs erstrebt; hier werden sie ihr geboten: warum stimmt sie nicht zu! — Also der Reform, welche den Weinzoll, den Zoll auf Seidenwaaren, den Zoll für feinere Fabrikate überhaupt, die dem Luxus dienen und doch von der Bevölkerungsclasse consumirt werden, welche vorzugsweise zur Zollzahlung herangezogen werden muß, — soll jede Regierung und auch die hannoversche unbedingt zustimmen? Wo ist die Reform der Tarife für die Artikel die dem Masse=Consum dienen, wo die Erleichterung in den Zöllen für die ärmeren Bevölkerungs-Classen, — für welche Volkswirthe und Volksfreunde stets so mächtig eifern? — Von gerechter Vertheilung der Staats=Abgaben wird so viel gesprochen, vertheilt der Tarif B die indirecten Abgaben in gerechter Weise? —

IV.

Die bisherige bevorzugte Stellung Hannover's bei Repartition der Zollvereins-Einnahmen kann nur durch Zustimmung zu dem französisch-preußischen Handelsvertrage erhalten werden, — so sprechen Kaufleute hier zu Lande, die doch aus dem Geschäftsleben wissen, daß man vor Abschluß jeden Geschäftes sich über Bedingungen einigt, — nicht nachher. Hat etwa Preußen unserer Regierung das bisherige Präcipuum offerirt für den Fall der Zustimmung Hannovers zu dem mit Frankreich abgeschlossenen Vertrage? Wir haben etwas derartiges von keiner Seite gehört, — wir meinen überhaupt, daß die Frage des Präcipuums eine Frage des Gesammtzollvereins ist und halten deßhalb dafür, daß die hannoversche Regierung sehr richtig handelt, wenn sie vor allen Dingen den Gesammtzollverein zu erhalten sucht, ehe sie durch voreilige Zustimmung zu dem französischen Vertrage denselben vielleicht mit zerreißen hilft!

Eine in Braunschweig erschienene Brochüre „der Zollverein Deutschlands und die Krisis, mit welcher er bedroht ist" erklärt den Zollverein als für Deutschland unentbehrlich und wirft den fünf Staaten Hannover und Oldenburg, Bayern, Würtemberg und Nassau, welche sie die bevorzugten Kinder des Zollvereins nennt, vor, daß sie es sind, welche die Krisis des Zollvereins hervorgerufen haben. — Keinem Zollvereinsstaate sollte, so meint der Verfasser jener Schrift, eine andere Bedingung zu Theil werden, als die Theilung des Netto-Einkommens des Zollvereins nach Maßgabe der Bevölkerung, und schon diese Bedingung, — so wird durch eine sehr sinnreiche Berechnung der Consumtionsverhältnisse der verschiedenen Staaten, nach Gruppen zusammengestellt, bewiesen, wird für Bayern, Würtemberg und Nassau als eigentlich zu günstig dargestellt. Eine Vergünstigung bei der Repartition über das Verhältniß des Kopfantheils hinaus soll Hannover und Oldenburg aber durchaus nicht gebühren. — Jeder Geschäftsmann, der den Verkehr unter den einzelnen Zollvereinsstaaten kennt, weiß, daß die süddeutschen Staaten für ihren Bedarf an zollpflichtigen Gegenständen sehr gute Kunden der Zwischenhändler am Rhein, in Sachsen, in Frankfurt a. M. und im Großherzogthum Baden sind, daß die Mehrzahl der Kaufleute in Baiern, Würtemberg und Nassau diese Waaren versteuert kauft, daß also ein sehr großer Theil der in Preußen, Sachsen, Frankfurt und Baden verzollten Güter dem Consum in jenen Staaten dient. Bleibt die Einnahme der süddeutschen Staaten an Zöllen zurück gegen den ihnen gewährten Antheil bei der Repartition, so ist damit durchaus noch nicht gesagt, daß in denselben nicht mehr consumirt ist!

Doch wir wollen nur deshalb uns hier der Consumtion dieser Staaten annehmen, weil jene Brochüre durchschimmern läßt, daß wenn allenfalls Hannover und Oldenburg noch ein Präcipuum gebühre, dies von den Staaten Bayern, Würtemberg und Nassau gezahlt werden müsse, — nicht von den Staaten Braunschweig, Preußen und Sachsen, denen gegenüber der Mehrconsum Hannovers an zollpflichtigen Gegenständen und damit ein Anspruch auf das Präcipuum illusorisch sei.

Unter Zustimmung zu der Eingangs der Brochüre aufgestellten Behauptung, daß Braunschweig früher den Namen einer Handelsstadt verdient habe als Hannover, gehen wir selbst noch weiter und concediren, daß Braunschweig noch heute im Großen und Ganzen eine bedeutendere Handelsstadt ist als Hannover. Ohne der Consumtionsfähigkeit im braunschweigischen Lande zu nahe treten zu wollen, müssen wir aber doch behaupten, daß ein nicht ganz unbeträchtlicher Theil der im Lande, namentlich der Stadt Braunschweig verzollten Güter dem Consum des hannoverschen Landes dient, welches ein Hauptfeld des Absatzes für die braunschweigischen Grossisten ist. Wir glauben, daß der Absatz braunschweigischer Handlungshäuser von in Braunschweig verzollten Gegenständen nach dem hannoverschen Lande weit bedeutender ist, als umgekehrt der Absatz aus Hannover nach Braunschweig! Der Mehrconsum Hannovers wird indeß in derselben Brochüre noch immer auf den halben Werth des bisherigen Präcipuums angeschlagen, — dieser Mehrconsum darf aber ja nicht bei Vertheilung der Zollvereinseinnahmen in Betracht gezogen werden, und vor allen Dingen dürfen Preußen, Braunschweig und Sachsen dazu nichts beitragen. —

Die finanziellen Nachtheile, welche den Staaten Hannover und Oldenburg bei einem etwaigen Ausscheiden aus dem Zollvereine erwachsen würden, berechnet die Denkschrift aus dem Mehr=Betrage der Verwaltungskosten für diesen Fall; sie stellt der aus dieser Berechnung resultirenden Zahl aber nicht die Zahl gegenüber, welche sich an denselben Verwaltungskosten für die Staaten Preußen, Braunschweig und Sachsen ergeben würde, wenn diese etwa allein, ohne die bevorzugten Kinder des Zollvereins, diesen letztern fortsetzen wollten. Der finanzielle Nachtheil einer Trennung würde dort sich nicht minder fühlbar machen: es bedarf wahrlich nicht der Berechnungen, um finanzielle Nachtheile für einen Staat zu constatiren für den Fall seines Ausscheidens aus dem Zollverein; alle Staaten werden Nachtheile haben, auch wenn ein einzelner austritt.

Die Frage der Brochüre, ob die hannoversche Regierung bereits so protectionssüchtig geworden sei, daß sie meine, die neue hannoversche Industrie könne nicht ohne Aufrechterhaltung hoher Zollsätze gedeihen, — ist eine ganz müßige. — Für hohe Zollsätze hat die hannoversche Regierung niemals gestrebt, wohl aber für gerechte Zollsätze, die Consumenten und Producenten in gleicher Weise berücksichtigen. — Eine Herabsetzung von Zöllen ohne System ist, wie wir früher gezeigt haben, gefährlich; doppelt gefährlich im Wege des Vertrages mit fremden Staaten, weil dann im Laufe der Vertragszeit der Fehler schwer, — wenn überhaupt — zu redressiren ist! Der verehrte Verfasser jener Brochüre wird selbst am besten wissen, daß Reformen des Zollvereins-Tarifes, wenn solche auf den Zollconferenzen von irgend einer Seite beantragt sind, Widerspruch seitens Hannovers nicht erfahren haben; daß aber Hannover, — wie derselbe sagt, — vor 10 Jahren die Tarifsätze des Tarifes B als ein Heiligthum angesehen habe, — das glauben wir nicht und wäre es der Fall, so müßten heute auch für die hannoversche Regierung ganz andere Erwägungen maßgebend sein als damals, wo heute eine Industrie in der Entwickelung begriffen ist, die damals nicht existirte. Aber in dem Tarife B und dem alten Tarife des Steuervereins ist ein großer systematischer Unterschied! —

Doch wir dürfen der Brochüre nicht allzuweit folgen, wir würden sonst mit derselben noch eine Lanze brechen müssen über die Auffassung des Verkehrs mit Oestereich; wir müssen bei der Frage des Präcipuums stehen bleiben.

Die Hälfte des alten Präcipuums tarirt man uns etwa werth und würde diese Summe, wenn sie auf die Taschen Bayerns, Würtembergs und Nassaus gelegt würde, uns concediren! — Da habt Ihr guten Hannoveraner den Beweis, daß Euch die sofortige Zustimmung zu dem französischen Handelsvertrage das Präcipuum nicht

sichern würde! Preußen und Braunschweig möchten dazu nichts bei=
steuern — und auf die Möglichkeit hin, daß Bayern, Würtemberg ꝛc.
den französischen Vertrag trotz des Art. 31 und trotz der ihnen nicht
zusagenden Bestimmungen annehmen könnten, sollte die hannoversche
Regierung sich auf 12 Jahre mit den Staaten Preußen ꝛc. binden,
ohne die geringste Garantie für eine Bevorzugung bei Repartition
der Zölle zu erlangen? Oder meint Ihr Landsleute, es komme uns
nicht darauf an, ob wir das Präcipuum, welches 1860 für Hannover
und Oldenburg 1,391,966 ℳ betrug, ferner erhalten? Wodurch
ist es unserer Regierung ermöglicht durch die Hafen=Anlagen an Weser,
Elbe und Ems dem hannoverschen, ja dem ganzen Zollvereinshandel
dienen zu können, als durch den Genuß des Zollpräcipuums. Hat
unsere anerkannte Mehr=Consumtion uns im Jahre 1853 den An=
spruch auf dies Präcipuum gewährt, so verdienen wir dasselbe auch
heute noch und schon um deswillen, weil ein großer Theil desselben
in jenen dem Zollverein dienenden Anlagen niedergelegt ist. Würde
Hannover ohne Verbindung mit dem Zollverein Geestemünde ange=
legt haben? Kommt diese Hafenanlage mit ihren Zollabfertigungs=
stellen, ihren Niederlagen, ausschließlich Hannover zu Gute oder wem
sonst? —

Die Mündungen dreier schiffbaren Ströme Deutschlands und zwar
der Ströme, welche hauptsächlich die Verkehrsadern des Zollvereins
bilden für dessen Export und Import, sind im Besitz unseres Landes;
die Zölle, welche zum Vortheil unserer Staatscassen die Freiheit des
Verkehrs auf diesen Wasserstraßen hemmten, sind mit den größten
finanziellen Opfern für Hannover aufgehoben oder ermäßigt, unser
eigener Verkehr ist dadurch nicht erhöht, nicht vermindert, — wir
haben dem Zollvereinsverkehr gedient — und noch immer sollte Han=
nover ein bevorzugtes Kind des Zollvereins sein? —

Bevorzugt sind wir durch unsere natürliche Lage und wenn wir
diese natürliche Lage dem ganzen Zollverein dienstbar machen, wenn
wir aus diesem unseren Vorzuge dem Zollverein commerziellen Ge=
winn schaffen, so leisten wir demselben einen Dienst, der seinen Werth
hat und Werth für jeden Staat des Zollvereins.

Darüber indeß, daß wir eines Präcipuums als Gegenleistung
für unsere Dienste werth sind, herrscht auch unter den Anhängern des
französischen Vertrages hier im Lande kein Zweifel. — Erlangen

möchten sie das Präcipuum; nur soll die Annahme jenes Vertrages das Mittel dazu sein! Uns scheint, wo Preußen, Braunschweig 2c. keine Neigung bezeigen, Hannover eine Bevorzugung bei Vertheilung der Zölle einzuräumen, es sei denn, daß Bayern, Würtemberg 2c. dazu sich bereit erklärten, — die kaufmännische Logik dahin zu führen, daß man den obigen Staaten durch Annahme des Handelsvertrages, — der überall keine Stipulation über das hannoversche Präcipuum enthält, — nicht entgegenkommen darf; denn wenn dann Bayern und die übrigen süddeutschen Staaten vom Zollvereine abfallen sollten, was ja die hiesigen Freunde des Vertrages als kein Unglück betrachten, — so möchte es mit der Bevorzugung übel aussehen. —

Wundern muß es uns, wenn die Verfechter des Handels, des freien Handels, für Hannover die Nothwendigkeit mit Preußen unter allen Umständen liirt zu bleiben darthun. — Wollt Ihr den Handel hochbringen in unserm Lande, so giebt es kein besseres System als Trennung vom Zollverein, ganz niedrige Tarife für Waaren und Fabrikate, Beförderung des Ackerbaues, der Rohproduction im Lande und die Aufhebung der Industrie, welche nicht die Rohproducte des eigenen Landes veredelt, oder nicht exportfähig ist. Hannover ist dann das Freihafensgebiet für den übrigen Theil von Deutschland, die verhältnißmäßig schwache Bevölkerung wird beim Ackerbau, bei der Viehzucht und dem Handel lohnende Beschäftigung finden. Wir könnten so gut, wie Hamburg und Bremen dann den so erwünschten Vertrieb ausländischer Fabrikate in das übrige Deutschland vermitteln; wir würden das nach Ansicht jener Leute allergerechteste einfachste Zollsystem besitzen können: — doch nicht des Handels wegen wollen jene guten Hannoveraner unsern Staat mit Preußen verbunden wissen, sondern unserer Industrie wegen, die des Absatzes nach Preußen nicht entbehren kann. Nehmt dem Zollvereine den Süden und Ihr werdet erkennen lernen, daß der Süden uns doch viel werth war! — Ihr erachtet den Verband mit diesen Staaten für unser Land als von geringer Wichtigkeit. Haltet ja den Süden fest, laßt kein Glied vom Zollverein verloren gehen, — mit jedem Gliede des Vereins geht ein Theil der Chance für weitere Bewilligung des hannoverschen Präcipuums verloren!

Der Zollverein, der ganze Zollverein nur wird den Ansprüchen unseres Landes auf eine Bevorzugung bei der Repartition der Zölle gerecht werden können; darum strebt für die **Erhaltung des Zollvereins**, auch wenn der französische Handelsvertrag mit allen seinen Reformen darüber verloren ginge, — beharrt nicht auf dem Standpunkte, unsere Regierung zur Annahme des französischen Vertrages zu drängen, auch auf die Gefahr hin, daß der Zollverein dadurch zerrissen würde!

Daß durch eine Frage wie vorliegende, „des französischen Handelsvertrages," die seit Jahren bestehende segensreich wirkende einheitliche Gestaltung deutscher Staaten zu dem deutschen Zollvereine, in Gefahr gerathen kann, ist sehr bedauerlich; doppelt bedauerlich, daß von Partheien das **Mittel** zum Bruch des Zollvereins höher gehalten wird, als der einheitliche Bestand des Zollvereins selbst, daß überall nur ein Zweifel darüber bestehen kann, was dem ganzen deutschen Vaterlande mehr nützt, ob der Fortbestand des Zollvereins, ob der Abschluß eines Handelsvertrages mit Frankreich! — Das größte Unglück für alle deutschen Staaten wäre die Auflösung des Zollvereins! Möchten doch dahin alle Partheien, die es ja jetzt leider auf commerziellem Gebiete giebt, wirken und streben, daß der Zollverein durch gegenseitige Annäherung der Regierungen der Einzelstaaten, durch Zugeständnisse von der einen wie von der andern Seite, sowohl hinsichtlich der Organisation, wie der Tarife des Vereins, erhalten bleibt und gefestigt wird, um niemals zerreißen zu können, — um aber auch **die Freiheit zu behalten, sich erweitern, sein Handelsgebiet ausdehnen zu können, wohin und wie es ihm beliebt!**